广西社会科学院新型智库出版资助项目
2024 年广西哲学社会科学研究"铸牢中华民族共同体意识"专项课题"中华民族共同体视角下近代广西乡村转型研究（1840—1949）"（批准号 ZL2024012）阶段性成果

颁桃村的变迁

一个桂西北山村的个案研究

冯名梦 著

广西人民出版社

图书在版编目（CIP）数据

颁桃村的变迁：一个桂西北山村的个案研究 / 冯名梦著.
南宁：广西人民出版社，2024.9. -- ISBN 978-7-219-11816-0

Ⅰ.K926.75

中国国家版本馆 CIP 数据核字第 20243D6N11 号

BANTAO CUN DE BIANQIAN：YI GE GUIXIBEI SHANCUN DE GE'AN YANJIU

颁桃村的变迁：一个桂西北山村的个案研究

冯名梦　著

策划编辑　严　颖
责任编辑　覃萃萍　蓝雅琳　杨　珩
助理编辑　黄兰岚
责任校对　周月华
封面设计　翁襄媛

出版发行　广西人民出版社
社　　址　广西南宁市桂春路 6 号
邮　　编　530021
印　　刷　广西民族印刷包装集团有限公司
开　　本　880mm×1240mm　1 / 32
印　　张　7.75
字　　数　193 千字
版　　次　2024 年 9 月　第 1 版
印　　次　2024 年 9 月　第 1 次印刷
书　　号　ISBN 978-7-219-11816-0
定　　价　46.80 元

谨以此书献给颁桃村

目 录

绪　论

　　桂西北即广西西北部地区，与云南、贵州两省相连接。严格来说，它并不是一个有固定边界的区域。曾有学者将桂林、柳州、河池三市视为该区域的大体范围[1]，也有学者将河池、百色全部及柳州、南宁部分县市划入该区域[2]，还有学者将该区域限定在河池地区[3]。历史上的桂西北地区范围界定是随着广西的行政区划变动而变化的，《广西通志·自然地理志》根据自然地理特征，将东以都阳山、大明山东坡为界，南至右江谷地北缘，西北至滇黔桂交界处划作桂西北的范围，包括今百色、河池和南宁三市的部分地区[4]。这种划分以相对静止的自然区域为依据，便于研究工作的开展，其划分的区域即本书讨论的范围。

---

　　① 区济文主编《桂西北经济发展战略研究》，广西人民出版社，1992，第6页。
　　② 黎守法主编《广西改革与发展十年回顾和2000年展望》，广西人民出版社，1990，第286页。
　　③ 黎学锐、张淑云、周树国：《桂西北作家群的文化诗学研究》，广西师范大学出版社，2015，第1页。
　　④ 广西壮族自治区地方志编纂委员会编《广西通志·自然地理志》，广西人民出版社，1994，第52页。

一、问题的提出

根据第七次全国人口普查情况，我国居住在乡村的人口为50979万人，占全国人口的36.11%，因此农村是基层治理的重点对象。受资源分布和历史基础等因素的影响，刚摘掉贫困帽不久的农村与各类历史文化名村或民族特色村寨相比，其发展难度更大、任务更为艰巨。我国发展不平衡不充分问题在这些村落较为突出，农村环境和生态、城乡之间要素单向流动和农村文化发展短板等一系列问题，使在这些村落巩固拓展脱贫攻坚成果面临严峻挑战。党和国家高度重视农村的发展问题，继精准扶贫后紧接着全力推动乡村振兴战略的实施。在党的十九大报告提出决胜全面建成小康社会和实施乡村振兴战略之后，于2018年1月2日起实施的《中共中央　国务院关于实施乡村振兴战略的意见》为农村特别是脱贫村的发展规划了宏伟蓝图，并提出："必须立足国情农情，顺势而为，切实增强责任感使命感紧迫感，举全党全国全社会之力，以更大的决心、更明确的目标、更有力的举措，推动农业全面升级、农村全面进步、农民全面发展，谱写新时代乡村全面振兴新篇章。"党的二十大报告再次强调要全面推进乡村振兴，指出要"扎实推动乡村产业、人才、文化、生态、组织振兴"。5年间，乡村振兴战略从"实施"到"全面推进"，后发展地区农村巩固拓展脱贫攻坚成效初显、发展的体制机制和政策体系逐步建立，为乡村发展提质增效奠定了良好基础。

广西曾是我国脱贫攻坚战的主战场之一，2015年底全区有5000个贫困村452万贫困人口。处于云贵高原南麓的桂西北地区则是广西脱贫攻坚任务最重的地方，广西4个极度贫困县和70%以上的极度贫困村都分布在这个区域。这些后发展地区农村多分布于滇黔桂石漠化片区，是名副其实的喀斯特地貌大石山区中的农村，面临繁重的巩固拓展脱贫攻坚成果同乡村振兴有效衔接任务。将这些山村各方面工作的发展变迁置于长时间段中进行考察，理顺其历史发展脉络，不仅有利于认识该区域农村发展的特点、规律，也有利于厘清它们遭遇现实困境的动因并探讨可行的未来发展路径，深化当前乡村振兴理论和实践问题的讨论，为后发展地区农村的高质量发展做出贡献。本书选取的桂西北山村个案——颁桃村，正是位于滇黔桂石漠化片区的脱贫村之一。

　　颁桃村是一个很好的学术考察对象。首先，它位于桂西北地区曾经的极度贫困县，在河池市大化瑶族自治县乃至桂西北地区的乡村之中具有普遍性。从人口比例的角度来说，它的壮族人口与瑶族人口比值与全县的数值相近；从社会发展水平的角度来说，它既不是非贫困村，也不是极度贫困村。可见，它在区域内有一定的代表性。其次，颁桃村拥有自身的独特性。虽然与各类名村相比，颁桃村的资源分布不够集中，拥有量也不大，在区域社会中的典型性不够突出，但它有自身的民族特色和山地色彩。由于地处河池、南宁、百色三市交会处，颁桃村的社会关系、经济生产、生活消费还呈现出区域交界地带乡村半封闭半开放的特征。此外，从学术便利性的角度而言，笔者有2年多的时间驻颁桃村工作，可以进行近距离的学术观察。颁桃村村部距离乡政府驻地约2公里，距大化瑶族自治县县城约42公里，距离广西首府南宁市约160公里，距离和交通条件亦便于笔者开展经常性回访。而就目前而言，对村落个案进行整体性研究以揭示所在区域村落发展规律和乡村振兴深化路径在前人研究中尚未见有，本书即以此为问题展开。

二、学术史回顾

中国是一个传统农业大国，有着悠久的农耕历史，因此，与农业相关诸事也被中国古代的知识分子阶层密切关注，不仅在诗词歌赋等文学文本里有诸多以之为题材的优秀作品，而且诞生了《氾胜之书》（氾胜之，西汉）、《四民月令》（崔寔，东汉）、《齐民要术》（贾思勰，北魏）、《王祯农书》（王祯，元代）、《农政全书》（徐光启，明代）等农业生产技术专著。这些历史文献对研究中国传统农村的生产生活及其发展变迁有重要的价值。不过，在近代以前对单个村落进行记录的历史文献并不多。

1840年以来，中国社会进入转型时期，政治、经济和文化等各方面的剧烈变动使中国传统乡村受到了巨大的冲击，传统的男耕女织、自给自足的小农经济闭环被打破，从而影响了农村的政治、文化等上层建筑。传统乡村遭遇的"危机"也带来了乡村"改良""革命"和"建设"等契机。一批知识分子成为乡村建设运动的主要推动者，诞生了《农村运动的使命》（晏阳初，1935）、《乡村建设理论》（梁漱溟，1937）等一批以农村为研究区域的学术成果。同一时期，以田野考察方法见长的民族学、社会学和人类学学者推出了《乡约制度的研究》（杨开道，1931）、《农村家庭调查》（言心哲，1935）、《乡土中国》（费孝通，1948）、《中国之家庭问题》（潘光旦，1929）等研究力作。还有采用微观社会学的方法开展一村一屯详细调查的报告，如《北平郊外之乡村家庭》（李景汉，1929）及《疍民的研究》（陈序经，1946）等。由于这些学人同时受中国传统学术熏陶和西方研究范式的影响，因此上述成果虽然是对乡村个别区域的研究，但学术视野很是开阔，不仅保留了丰富的近代乡村史资料，而且为农村问题研究做了良好的示范。

中华人民共和国成立以来，党和国家高度重视"三农"问题，广大专家学者纷纷扎根农村开展学术研究，推动了各学科村级区域研究的繁荣发展，历史学、政治学、经济学、社会学、民族学等领域的相关成果如雨后春笋大量涌现。例如，施远涛以中国家户制为切入点，以印度村社制为参照，对比分析两种东方制度传统的生成、历史变迁及其在变迁过程中对乡村治理原型的形塑以及对乡村治理转型的推动[1]；刘守英等将乡村视为人、地、业、村联动的系统进行研究，提出城乡中国是理解、分析和解决中国乡村现代化问题的基本结构形态，农民的代际革命及其与土地和村庄的黏度变化是研究乡村转型的根本维度，实现农业和乡村产业革命是乡村复兴的基础[2]；梁心对近代乡村形象的变化进行研究，认为从晚清开始，"农村"的形象逐渐成为一个闭塞、落后、贫困和愚昧的场所，乡村的生产生活乃至整个社会都被认为处于"崩溃"之中，传统中保持着正面形象的乡村在该历史时段经历着一种同情性质的污名化[3]；等等。

广西的农村以近代以来深厚而广泛的乡村建设基础和富有民族和边疆特色的乡村风貌而成为学术研究的沃土。早在中华人民共和国成立之初的20世纪五六十年代，费孝通、黄现璠、刘锡蕃等一大批学者即对龙胜各族自治县等地民族村落广泛开展了社会历史调查，形成了《广西龙胜县伟江洋湾村调查》《广西龙胜县东区伟江乡甘甲

————————

①　施远涛：《历史、制度与乡村治理现代化转型：基于中国家户制与印度村社制的比较研究》，中国社会科学出版社，2017。

②　刘守英等：《中国乡村转型与现代化》，中国人民大学出版社，2023。

③　梁心：《城眼观乡：农业中国的农村怎样成了国家问题（1908—1937）》，厦门大学出版社，2024。

村甘甲屯调查》等调查报告，为党和国家开展广西的农村治理提供了重要的参考资料。21世纪之初，广西民族研究所（现广西民族问题研究中心）与云南大学联合开展民族村寨调查，其中广西地区编写出版了《仫佬族：广西罗城县石门村调查》（章立明、俸代瑜主编，2004）、《毛南族：广西环江县南昌屯调查》（匡自明、黄润柏主编，2004）和《京族：广西东兴市山心村调查》（马居里、陈家柳主编，2004）等3部调研报告。2006年，中国边疆史地研究中心（现中国边疆研究所）牵头开展的"当代中国边疆·民族地区典型百村调查"项目立项，该项目对100个具有典型意义与特色的中国边疆基层村落的民族社会和经济发展的历史与现状进行调研。其中，广西由郑一省、周建新、甘品元等学者带队前往百色、崇左、防城港等地的村屯进行深入考察研究，在2011—2018年陆续整理出版了3辑。这些调查报告以民族学、人类学田野个案访谈为基础，叙述广西村寨的政治、社会、经济和文化等方面的内容，重点呈现改革开放以来的变化情况，为深化、细化广西农村的研究提供了丰富的资料。除了田野调查资料的搜集与报告的整理出版之外，一些以广西村落为考察区域的专题化、具体化研究也已经开展。例如《黄姚古镇——广西昭平黄姚古镇调查与研究》（程瑜主编，2008）即以专题论文的形式展开对黄姚古镇物质文化、制度文化和精神文化的论述。而《广西传统村落》（徐洪涛主编，2020）则对广西具有代表性的40个传统村落进行典型分析和特色总结，并探究广西乡村文化遗产的保护路径。对广西村落进行个案研究的相关学术论文不胜枚举，主要集中于历史文化名村资源的保护和开发利用、乡村产业发展、基层党组织建设等方面，诸如《新农村背景下古村落的保护与开发探讨——以广西灵山县大芦古村为例》（颜忠宝，2017）、

《基于"物"与"人"双因素视角下的南宁扬美村旅游发展新模式》（方堃，2020）、《非物质文化遗产陈东村傩戏的文化记忆研究》（陈兵、李雪明，2022）等。其中，对桂西北村落个案的研究成果也有一些。例如，耿少龙以百色市部分乡村为例研究文明乡村建设模式①，郭亮以河池市宜州区合寨村为个案对村寨治理和法秩序变迁的研究②，张柳丹、段超以河池市都安瑶族自治县永乐村为例对桂西北地区"认契"习俗及其功能进行研究③，等等。

特别令人欣喜的是，得益于广西对"十三五"时期的贫困村尽锐出战，实施精准扶贫政策，机关企事业单位与行政村结对帮扶，一批科研文化单位的年轻干部下乡驻村工作，为对经济基础较为薄弱、文化事业长期无力管理且历史已多被湮没的后发展地区农村深入开展学术考察和研究带来了强劲力量。例如，广西民族博物馆派出专业团队在结对帮扶的贺州市昭平县黄姚镇白山村开展村史调研，历时三年建成白山村村史馆；新华社摄影记者黄孝邦在柳州市融水苗族自治县乌英苗寨开展了为期三年的蹲点采访，写成了村寨扶贫影像志《我在乌英苗寨这三年》……他们的农村研究成果有些采用史志统一的体例，有些则写成社会人类学的田野考察报告，更有图志、影像志等灵活多样的呈现方式，在客观上助推农村研究更贴近地气、贴近生活、贴近时代，增强了成果的可读性和传播能力。这些成果也获得了社会各界的广泛好评，为深入开展后发展地区农村

---

① 耿少龙：《文明乡村：桂西北地区社会主义新农村建设探索——以百色市部分乡村为例》，硕士学位论文，广西大学马克思主义理论与思想政治教育专业，2008。

② 郭亮：《桂西北村寨治理与法秩序变迁——以合寨村为个案》，博士学位论文，西南政法大学法律史专业，2011。

③ 张柳丹、段超：《桂西北地区"认契"习俗及其功能探究——以河池市都安永乐村为例》，《长江师范学院学报》2019年第4期。

的研究起了良好的示范带动作用。

整体而言，以广西村落作为对象的研究取得了很多成果，为进一步开展研究工作奠定了坚实的基础。然而，我们也很清楚地看到，这些成果多集中在历史文化名村、传统古村落和民族特色村寨等资源富集型村落。随着脱贫攻坚的全面胜利，八桂大地上曾经的贫困村变成了跟上小康队伍的新农村，进入了乡村振兴的新发展阶段。面对这些村庄脱贫前后翻天覆地的变化，以及人们对精神文化生活提出的更高要求，后发展地区村落也有了书写的要求和条件。2021年6月1日起施行的《中华人民共和国乡村振兴促进法》明确规定："各级人民政府应当支持农业农村农民题材文艺创作，鼓励制作反映农民生产生活和乡村振兴实践的优秀文艺作品。"从这个意义上说，各学科对后发展地区农村的学术研究也应作为乡村文化振兴的重要工作内容加以推进。然而，因为它们普遍存在缺乏研究资料、人才、资金等客观困难，特别是研究资料的多寡不均、零碎散佚、杂乱无章等不利于开展学术研究的现实困难，研究尚处于起步阶段，研究空白还比较多。本书正是基于笔者在村落的长期生活经历、历史文化沉浸式体验和冷静学术观察之上进行的乡村书写，试图通过对颁桃村的学术描绘，丰富以后发展地区村落为对象的研究实践，并力图能有效地突破乡村小区域局限，实现与桂西北地区、广西、全国甚至世界的连接。

三、资料与方法

资料的搜集和整理是我们开展研究的基础，区域研究离不开地理志、碑刻、文书等地方文献。自《尚书·禹贡》开启中国区域地理志修撰先河以来，方志的空间分辨率向越来越高的方向发展，现存最早的全国性总志——唐代李吉甫编《元和郡县图志》即有对州县一级的沿革、地理、户口、贡赋等的详细记载。到明代出现了"今天下自国史外，郡邑莫不有志"的盛况，各布政司、郡县均有志书，还出现一些独立成书的边关志、书院志、山岳志等。①村落是中国传统文化诞生与延续的土壤，也是中国传统疆域治理中地理范围变动较少的一级。我国最早的村治活动可溯及唐代，"村"被制度化并有设置正式官职——"村正"对农村进行管理。②不过，农村并未就此被列入中国的传统行政体系，同时因为"家有谱、州有志、国有史"的编修传统，明以前乡村史志并不算在编纂序列。清代是方志发展的鼎盛时期，雍正帝命令各省府州县志每60年修订一次，一般由地方长官领衔、本地文人学子执笔编纂。修志成为定例，除了全国性的总志之外，还有府州县志、通志及人物、山水等专志，并出现了乡土志的类型③，《四库全书》即收录了成书于康熙朝的安徽池州《杏花村志》。乡村史志是我国方志传统向基层的延伸，它以行政村或自然村为对象，"全面梳理其地理、历史、经济、风俗、文教、物产、人物等诸多方面"④。20世纪二三十年代以来开展的乡村建设运动在客观上推动了村史村志的编纂，涌现了诸多佳作。由于史志自有其体例，以村一级为对象进行编修，在资料上常陷入"全而不丰"的境地，因此村史村志得以成书的多是一些人文繁盛、

---

① 余日蓉等编著《论文史鉴传记实用文写作》，江西高校出版社，2003，第94—95页。

② 谷更有：《唐代的村与村正》，《中国社会历史评论》2005年。

③ 宦书亮：《清代方志编纂制度与编辑规范谫论》，《重庆三峡学院学报》2022年第6期。

④ 吴起县档案局、中台村民委员会编《中台村志》，三秦出版社，2021，第229页。

历史悠久、经济富庶的村庄。新中国成立以来，特别是近10年来，村史村志的修撰取得了重大的突破。《全国地方志事业发展规划纲要（2015—2020年）》提出："支持民族地区做好地方志编纂工作。指导有条件的乡镇（街道）、村（社区）做好志书编纂工作，做好中国名镇志文化工程、中国名村志文化工程组织编纂工作。"在这一政策的号召下，广西各地纷纷加入村一级志书编纂浪潮，涌现出一批成果。自治区地方志办公室统计："截至2020年广西共出版乡村史志154部，其中乡镇志43部，村史村志111部。此外，还有《五通镇志》《唐家村志》等30部乡镇村志正在编纂当中；《江头村志》《白鹤屯志》等13部乡村史志编纂正在筹备计划中。已经出版的乡村史志中，16部是名镇名村或传统村落志。"①除一些在历史文化名村资源上写就的村史村志之外，其余多是以经济基础较好的城中村、城郊村为书写对象，在已出版的154部乡村史志中南宁地区就占了52部。根据广西地情网的报道，2021年至2023年，桂林临桂区、玉林兴业县、南宁邕宁区等地先后全面铺开了农村史志的编纂工作。业已开展村史村志编撰工作的地区大量吸收退休老干部、老教师、老乡贤等人才为队伍主力，采取以历史文化名村为突破口的方法打开工作局面。颁桃村的村史村志修撰工作尚未开展，因此并无相关材料可资查阅。

不过，这并不等于颁桃村没有研究资料。笔者通过驻村、跟踪观察和多次回访，搜集到很多与颁桃村有关的资料，涉及政治、经济、文化、教育、民俗等诸多方面。这些资料可以分为以下几类：

---

① 广西壮族自治区地方志编纂委员会办公室：《区内外乡镇村志编修情况简介》，广西地情网，http://www.gxdfz.org.cn/zwdt/xcszbz/202110/t20211026_61289.html。

一是文字资料，包括前人纂修的县级及以上方志、家谱、碑刻、契约文书、决议决定、乡规民约、年度总结、财务统计报表等各种材料；二是旧照片资料，其中含有村容村貌、衣食住行、民风民俗等内容；三是口述资料，通过采访乡镇干部、颁桃村耆老、历任村干部、教师、专业能手等群体获得；四是影像资料，主要通过实地拍摄记录民风民俗、文化教育、经济生产等方面内容；五是器物资料，包括各类生产生活器具等实物。

这些资料是记录颁桃村人民群众物资生产、日常生活和精神世界的载体。它们可以归类为地方文献或民族文献的范畴，具有大众性、实用性、传承性等突出特征。不过，这些材料的缺陷也很明显：其一，颁桃村存世的近代以前相关历史文献极少，20世纪以前的历史发展轨迹细考困难；其二，村里有数十名退休教师、退休干部等，他们见证了颁桃村的发展，然而他们的口述资料一般都带有私人的褒贬扬抑等感情色彩；其三，按照政治、经济、文化、生态、社会等门类将搜集到的资料进行整理，呈现出各个板块资料多寡不均的状态，有些部分将难成章节。

针对材料的局限性，本书采取以下处理办法：一是对于古代颁桃村的历史梳理，通过将文献检索对象定位到颁桃村所在区域的上一级或上两级的行政区划中，以尽可能地扩大研究文献的搜集范围。将历史文献的搜集范围扩大到与大化瑶族自治县相邻的南宁马山、百色平果甚至整个桂西北区域后，获得了较为丰富的方志、笔记、碑刻等地方文献，可以对古代部分作稍微深入的讨论。二是对于只有口述资料而无其他参证材料的情况，采取增加口述资料样本量的办法，通过将多个以同一事件为内容的口述资料进行互证的方式来考辨真伪。三是对于材料确实贫乏的部分，秉承以材料为依据的原则，尽可能做到有一分材料说一分话，无法成章节的部分宁缺毋滥。

为做好材料的搜集和整理，本书使用了以下几种研究方法。一是微观社会学的个案研究法。中国的村落个案研究是20世纪二三十年代在西方人类学、社会学的影响下兴起的，《西太平洋上的航海者》（马林诺夫斯基，1922）即是开个案研究先河的范例之作。经由吴文藻及其领导下的燕京学派的推动，个案研究已经成为中国人文社会科学研究的重要方法之一。虽然学界对村落个案研究对象的普遍性和代表性的质疑从未停止，但已有学者认识到个案研究的人文主义方法论属性决定了它不必追求代表性，它的代表性是客观存在的。[1]换言之，个案的代表性不是"有"与"无"的判断题，而是选择使用哪种处理方法的问题，即问题的关键在于"如何走出个案"[2]以取得区域研究的概括或外推的研究结论。笔者通过在颁桃村驻村近距离开展持续性的田野考察，并以之为中心对周边村屯及其所在乡，甚至整个桂西北地区进行多次实地调查，搜集相关的文字资料、口述资料、老旧照片及老物件等。同时，通过个案拓展的方法，对影响村落变迁的微观、宏观因素（村内外多组互动力量）进行考察，以获得与桂西北山村整体情况相符的研究结论。二是区域社会史的历史人类学研究法。本书是对区域社会研究中小区域——村落的专门讨论，通过对官私史志、论著、民间文学、族谱、口述资料等进行汇总、梳理，以自下而上的视角对资料进行考辨分析，进行村落整体史的研究，并从个案研究出发对桂西北地理空间

---

[1]　陈涛：《个案研究"代表性"的方法论考辨》，《江南大学学报（人文社会科学版）》2011年第3期。

[2]　卢晖临、李雪：《如何走出个案——从个案研究到扩展个案研究》，《中国社会科学》2007年第1期。

内相互关联的山村进行系统研究。三是民族志的方法。将漫无边际、逐日积累的日常观察和访谈数据撰写成社会情境下的事件和行动，形成驻村日记、备忘录、各类报告及论文等材料，为本书的撰写打下基础。在提笔写作的过程中，也使用了民族志的深描和逐字逐句引用口述资料的办法。

因此，本书以民间文献为主，以方志和文集等资料为辅，考察颁桃村各项工作的历时性变迁过程，扎实推进桂西北地区山村发展问题研究。同时，本书围绕当下社会普遍关注的农村经济建设、政治建设、文化建设、社会建设、生态文明建设和党的建设等乡村振兴主要工作内容展开专题性讨论，深入研究颁桃村的人地互动、族际互动、城乡互动和央地互动等过程及其深化路径，丰富乡村振兴理论与实践，并尝试突破村落的区域研究小时空尺度，进而揭示桂西北山村从传统走向现代的底蕴、趋势和转型路径，抛砖引玉，以期与颁桃村相似的诸多后发展地区村落进行讨论。

四、内容与结构

本书以颁桃村为空间区域，以先秦至2024年1月为研究时段。在研究过程中，本书综合运用整体和局部、宏观和微观、主位和客位的视角，系统考察颁桃村的自然环境、族群、政治、人才、经济、文化等社会各方面的状况，并深入探究颁桃村的现实发展困境，提出具有可行性的应对措施，为推动乡村振兴略尽绵薄之力。本书在篇章结构上拟作如下安排：

第一章，以颁桃村的生态环境为研究对象，将其变迁置于人地关系视域下进行梳理。主要探究桂西北地区云贵高原余脉向南宁盆地过渡区域的生态环境对人类生计方式、乡村形态及社会心理的影响，并分析人类活动带来的生态环境压力与问题，探讨乡村生态振兴与人地关系和谐发展的实现路径。

第二章，以颁桃村的族群为研究对象，将其变迁过程置于民族交往交流交融视域之下进行研究。主要探究桂西北地区被千山万崇的自然条件阻隔的各族群之间互动关系的发展过程，分析族群关系的张力及其根源，并探讨深化桂西北地区基层社区民族交往交流交融的路径。

第三章，以颁桃村的政治治理为研究对象，将其变迁过程置于多力互动视角下进行分析。主要梳理传统治村力量的转型和新治村力量的发挥情况，探究新时代背景下自治、法治、德治三股力量如何维系村屯社会的运转，并探讨多力共治共振的深化路径，促进桂西北地区后发展农村的组织振兴和治理现代化。

第四章，以颁桃村的人才工作为研究对象，梳理颁桃村内育外引的人才发展情况，及其在学校教育、开放教育和职业教育等各类育才环节中遇到的困境，探究桂西北地区后发展农村人才振兴的多力助推学校育才、创新人才引进以及终身学习的村校互动等路径。

第五章，以颁桃村的经济为研究对象，将其变迁过程置于城乡经济互动视域下进行分析。主要梳理颁桃村一二三产业在脱贫前后的变化、发展情况及其存在的问题，并探究桂西北地区后发展农村利用城乡生产要素自由流通实现产业振兴的可行性路径。

第六章，以颁桃村的文化为研究对象，将其变迁过程置于央地互动视域下进行分析。主要梳理颁桃村的语言文化、民间信仰及礼仪习俗的演变情况，分析其文化资源特征、发展趋势及面临的问题，探讨桂西北地区非历史文化名村的文化资源保护与利用路径，为乡村文化振兴提供参考。

第七章，从颁桃村个案的研究拓展至桂西北山村整体的讨论。通过梳理颁桃村的生态环境、历史、民族、社会治理、人才工作及经济、文化变迁研究的逻辑与结论，总结颁桃类型山村发展变迁的特征与启示，探讨桂西北山村通过叠加政策红利及辐射效应推动内生式发展的未来走向问题，为后发展地区深化乡村振兴工作提供参考。

附录，深描颁桃村的家庭结构、收支结构、社会生活等方面的村情民情，推动读者对桂西北山村认识的深化。

第一章　颁桃村的生态环境

生态环境是生物和影响生物生存与发展的一切外界条件的总和。学界普遍认为，生态环境与人类社会之间存在相互作用、相互制衡的关系。吴传钧院士研究指出，这种关系是一种社会和历史特性的辩证关系，并首先提出了人地关系地域系统理论，即"以地球表层一定地域为基础的人地关系系统，也就是人与地在特定的地域中相互联系、相互作用而形成的一种动态结构"[1]。该理论揭示了人地系统的地域性、层次性、开放性、功能性和可控性等特点。[2]

桂西北地区地处云贵高原南缘和亚热带季风气候区，以喀斯特地貌为典型特征。虽然这样的生态环境放在广西、中国西南乃至更大的区域来看是非常普遍的，但对于当地群众来说却是"金山银山"，是人们乡愁的重要组成部分。在这片被大石山间隔开来的有限的天地之间，约800万人口正努力谋求高质量发展。对于桂西北地

---

[1]　吴传钧：《论地理学的研究核心——人地关系地域系统》，《经济地理》1991年第3期。

[2]　张伏中：《生态文明示范创建：湖南探索与实践》，湘潭大学出版社，2021，第18—19页。

区拥有丰富的原生态农产品、手工艺品等好物的山村来说,要实现乡村振兴,走绿色生态经济之路已成必然。颁桃村虽然仅是桂西北地区内的一个普通村落,但通过它可以管窥该区域人地之间长时期的互动过程,探究其变迁规律与未来发展路径。

一、生态环境的基本概况

颁桃村位于河池市大化瑶族自治县共和乡中西部,确切位置在东经107°41′～107°51′,北纬23°33′～23°40′,占地面积约为25平方公里。颁桃村东为共和村,南临皂江村,西接碧草村,西北为水力村、弄亮村,北连古乔村。其地理位置正处于云贵高原向南宁盆地的过渡地带,地理地貌以喀斯特为主,属于亚热带季风气候区,气候温和,热量充足,雨量充沛。

(一)河流水文

颁桃村只有龙近河和龙荣沟两条地表河流,水域及水利设施用地面积占全村总面积的0.81%。龙近河发源于颁桃村龙流屯的地下,流经龙近、新村、龙冲、龙勒、龙颁、下梯、局生7个自然屯,最后从颁桃村流向皂江村。河水流量在雨季时较大,久不下雨则与田间水渠无异,甚至会出现断流。龙荣沟从龙荣屯往布康屯流去,水量比龙近河小。颁桃村地下水系发达,藏水资源丰富,埋藏深度在1～4米。

(二)石山土地

颁桃村境内峰峦叠嶂,多山是该村落最为突出的自然地理特征。

这些山全部都是石灰岩山体，有些是孤峰，大多数是几座山连在一起形成的峰丛。各山高矮不一，一般高度在200~800米。颁桃人鲜少给这些石山起名，要说哪座山时，一般会以村屯为地标说明位置，例如龙颁后山、龙荣左山、龙近后山等。石山上多有洞穴，有的位于半山腰，有的在山脚。不少洞穴里有钟乳石，生成石笋、石柱、石幔等。

颁桃村总面积约为21089.47亩，由耕地、林地、园地、草地及生产用地等类型组成。其中，耕地面积约2853.43亩，占全村土地面积的13.53%。耕地分为旱地、水田和水浇地三种，旱地约2286.98亩，水田约527.19亩，水浇地约39.26亩，分别占耕地面积的80.15%、18.48%、1.38%。颁桃村耕地的土壤土层较薄，多为裸岩石砾地，有"一分土地九分石头"之称。根据2022年6月的测量统计，颁桃村林业面积约1.775万亩，森林覆盖率达84.16%。另有园地面积约337.43亩，占颁桃村总面积的1.60%；草地面积约12.65亩，占颁桃村总面积的0.06%。颁桃村的树木繁多，据不完全统计，有松树、构树、杉树、木棉树等多种林木，尤以适宜生长在石灰岩山区环境的竹子、香椿、苦楝、榕树等为常见。颁桃村的树木以实用为主，或为食用，或为材用，或为药用，纯观赏性的树种不多。

（三）气候灾害

颁桃村所处区域属亚热带季风气候区，以昼夜时长春秋两季均等而冬短夏长，秋冬干燥而春夏两季温和湿润为主要特征。全年主导风向为西北风，夏季为东南风。山峦多雾，山体遮蔽度大，全年日照时数1300~1400小时。年平均气温在21.3℃左右，全年平均生长期300天，无霜期340～355天。年平均降雨量1249～1673毫米，年平均降雨日数150～165天；全年可分为枯水期、平水期和丰水期，枯水期为每年11月至次年2月，平水期为每年3月、4月、9月、10月，丰水期为5—8月。[①]根据调研统计，颁桃村常见的自然灾害有干旱、大风等几类（见表1-1）。

表1-1　大化瑶族自治县1900—2005年灾害类型季节灾次分布表

单位：次

	旱	涝	虫	风	震	雹	塌	雪	合计
春	8	6	3	4	2	5	3	0	31
夏	3	16	1	2	0	0	2	0	24
秋	4	3	0	0	2	0	0	0	9
冬	2	0	1	0	1	0	1	2	7
合计	17	25	5	6	5	5	6	2	71

注：根据《大化瑶族自治县志》（2016年版）整理。

颁桃村由于地表河流少，一旦久旱不雨就容易发生旱灾。以2019年为例，由于7月开始降水极少，到10—12月村里就发生旱灾。听颁桃村的老人们讲，过去如果一两个月不下雨，人们就要去很远的地方挑水喝了。现在有自来水，倒是不担心干旱没水喝，但农作物引水灌溉的问题还得另行解决。2019年下半年因为持续数月的干旱天气，秋玉米、蔬菜、薯类、甘蔗、砂糖橘等农作物歉收。彼时隔壁水力、弄亮等村连生活用水都紧缺。天气久旱草木枯黄，政府禁止人们烧山垦地，然而隔壁皂江、弄亮两村还是发生了山火等次生灾害。

暴雨导致的内涝是颁桃村的另一常见灾害。2019年上半年暴

---

① 大化瑶族自治县年鉴编纂委员会办公室编《大化年鉴2016》，广西人民出版社，2018，第32～33页。

雨不断。2019年农历正月初一（2月5日）过后，连下了2个月的雨，直到4月中旬才得几天晴朗。此后直至6月底，大雨频仍，导致春季玉米无法正常采收，多数玉米在地里发了芽。常与春季暴雨一起来的是"回南天"，四处阴凉潮湿，连屋内墙面都在滴水，家具、衣物、谷物发霉。从《大化瑶族自治县志》上记载的情况来看，在颁桃村及其周围，还有可能发生洪涝、塌方等灾害。对于颁桃村这种没有大江大河疏泄洪水的村庄来说，洪涝灾害多发于春夏暴雨季。2018年6月，在连续下了几天大暴雨后，龙近河暴涨，一名5岁的小男孩被河水冲走溺亡，而即将到收获期的玉米、黑豆倒伏在地里发了芽。2019年5月暴雨不断，几乎全村的农田都被浸泡在水中，龙流往下梯一带（范围涉及龙流、新村、龙近、龙冲、龙颁、下梯等6个屯）变成一片汪洋，龙余、龙房屯出行受阻。另外，村内的石灰岩山体坡面较陡，受暴雨冲刷后容易发生山体滑坡，尤其是各条山路拐弯处附近，存在一定程度的安全隐患。

冰雹天气常于冬春季节出现。以2019年4月12日17时左右发生的一次冰雹灾害为例，彼时暴雨倾盆，电闪雷鸣，冰雹下得很密集，大的直径3厘米，小的如碎冰，砸毁车窗玻璃、砸伤农作物无数。所幸颁桃村提前接收到红色预警，村民多有防范，没有造成人员伤亡。另有一次严重冰雹发生在2020年1月24日20时左右，彼时恰好是除夕夜，突然间下起冰雹来，冰雹大的直径有5厘米，一般直径3厘米，一颗颗冰球从天而降，毁伤无数刚长出来的春玉米苗。

大风天气多发生在春夏之交。2018年4月底村里出现过两次大风天气，当时刚结穗的玉米大面积倒伏，颁桃人只好重新种上玉米。

虫灾也时有发生。2018年6月颁桃村的桑叶背面出现黄色斑点，专家来考察认为是赤锈病。2019年4月颁桃村的玉米出现一种专吃玉米叶的虫子——草地贪夜蛾。

在桂西北，如颁桃村这般易旱易涝、交通不便、耕地少而散的山村很多。例如，马山："白山处万山中，水少石多，山高土瘠，十日不雨则苦旱，三日霪霖则苦潦。"[1]百色："山多于地，水少于田，则四封皆然。"[2]南丹："山多田少，土瘠人稀，无三里之平原，有千尺之险隘。"[3]由于生态脆弱，自然环境一旦被破坏，恢复极其缓慢，所以国家要求这个区域严格控制开发强度。从经济与社会发展的角度来说，桂西北山村的原生态环境粗粝而脆弱，资源禀赋对各类经济产业的发展并不算优质，但是勤劳聪慧的人们通过长期的劳动实践，不断探索与当地环境相适应的生产生活方式。

二、人地互动与生态压力

俗话说"一方水土养一方人"，高耸的石山和蜿蜒的峇场是桂西北山村人民建设家园的自然条件基础。人们在这方天地谋生，与自然环境之间发生了长期的、复杂的互动过程。蒋满元将人地关系的演进过程总结为"混沌""原始共生""人类对环境的顺应""人类对大自然的大规模改造""人类与自然环境间的协调共生"五个阶

① 蓝武、蒋盛楠编著《〈白山司志〉点校与研究》，广西师范大学出版社，2016，第63页。
② 陈如金修、华本松纂《百色厅志》卷一，光绪十七年刻本，第1页。
③ 李文琰修、何天祥纂《庆远府志》卷一，乾隆十九年刻本，第18页。

段。①由于史料乏记，仅以耆老口述和一些能体现生计方式的痕迹管窥颁桃村人地关系的演变过程与现实困境。

（一）环境适应与改造

颁桃人"靠山吃山，靠水吃水"，他们从大自然中获取生存所必需的物质资源，自然环境也在一定程度上影响了颁桃人的生产生活方式。颁桃村山多土少，据耆老回忆，直到改革开放前人们都还过着狩猎采集与游耕放牧相结合的生活。宋代陆游的笔记中对沅陵以南的沅江流域地区的记载与此颇为相近："皆焚山而耕，所种粟豆而已。食不足则猎野兽，至烧龟蛇啖之。"②而颁桃村附近的马山县留下来的清代方志中所记的当地生活方式也与此相同："暇日持枪弩入山，猎取禽兽为食，此山无兽，则迁于别山。"③至今颁桃村还有很多人保留采集、狩猎的习惯，他们熟知哪座山上的哪棵树有野蜂窝、什么位置野兽经常出没，以及哪里有种类繁多的可食用野菜，等等。颁桃村里还有极个别以打猎为生的人，他们从山上获得野蜂蜜、蜂蛹之类的山货，并在颁桃村内及附近的几个圩集上出售以换取生活物资。在颁桃村，家家户户都保留着采食房前屋后、田埂地头滥长的白花菜、艾草、香椿、紫苏等野菜的习惯。这些野菜弥补了颁桃人因耕地少而导致的菜蔬不足之缺陷。

颁桃村的平整土地面积少，俗语称之为"碗一块，瓢一块，

---

① 蒋满元：《民族关系与人地关系的适应性问题研究——以广西壮族为例》，社会科学文献出版社，2015，第36页。
② 陆游：《老学庵笔记》，杨立英校注，三秦出版社，2003，第124页。
③ 蓝武、蒋盛楠编著《〈白山司志〉点校与研究》，广西师范大学出版社，2016，第97页。

丢个草帽盖一块"。在这样的地理条件下开展农业耕作十分不易，付出和收获不成正比，明代志书曾对包括颁桃村在内的整个广西地区的耕地条件给出了很低的评价："其地脊而险辟，如石田无所用之，且多山林。"①颁桃村附近的马山县留下的清代方志亦称："其田硗瘠，收成歉薄。"②而颁桃村所在地区留下的民国县志也表示："非是全然砂砾，即是顽石隐伏，将欲开垦，不惟无益，窃恐农器必遭损坏，饭食工值亦无，由而取偿。"③人们只能用踏犁、铁锹、镐头等轻便、价廉、耐用的工具进行农作。由于喀斯特地貌的地表集雨蓄水能力不强，颁桃村的农业灌溉主要依靠地下水，遇到久旱地下水水位下降即面临无水可用的困境。为避免旱涝两种自然灾害影响农业收成，人们采取修建水柜引水灌溉和砌墙保土等办法。水柜在大化瑶族自治县的板升乡、雅龙乡以及七百弄乡等乡镇的农村随处可见。修水柜的方式可能是向甘肃省等干旱地区学习而来的。据《大化瑶族自治县县志》记载，1997年为解决全县石山地区、移民库区的人畜饮水困难问题，当地曾制定了兴建1.2万个家庭水柜的工作方案，并称之为"水利建设的人民战争"④。在更早以前，颁桃村家家都有几口大水缸用来储水，各屯在低洼处修建蓄水池，至今龙蛇、龙桃两屯的蓄水池还在使用。砌墙保土则是在水土易于流失的陡坡地就地取石山的石块垒成石墙，"域内此法始于民国年间，盛行于20世纪50—70年代。农业

①　林富修、黄佐纂《广西通志》卷一，嘉靖十年刻本，第3页。

②　王言纪修、朱锦纂《白山司志》卷七，道光十年抄本，第17页。

③　原那马县志修志局编《那马县志草略》，《马山县志》办公室，1984，第18页。

④　大化瑶族自治县地方志编纂委员会编《大化瑶族自治县志》，广西人民出版社，2016，第1069页。

合作化期间，域内山区乡村，每年秋收后均组织60%左右的劳动力搞砌墙造梯地"[1]。由于旱地多水田少、灌溉不便等客观现实，颁桃村农业生产以耐旱、耐瘠、高产的玉米为种植大宗，水稻种植面积不大，主要靠购买："能自给者百分之三四，其输出输入皆白米，均小经纪，肩挑者多，船运者少。"[2]水、土、热条件不仅限制了颁桃村的农作物种植选择，也限制了种植制度。颁桃人一般一年种植两造玉米，家里承包分到了水田的农户也仅能种植一季水稻加一季玉米，种植双季稻的比较少见。玉米地常间种或套种块茎类、杂豆类作物。

山地刨食艰难，过去桂西北山村的饮食以简易、量多、易于饱腹为常见，体现食物匮乏年代人们的生存智慧。在桂西北山村人们的餐桌上，玉米是第一主食，民国县志将之列为那马县谷类特产之一[3]。玉米最为常见的吃法是做成玉米糊（当地人称之为玉米粥）。这种糊状食物虽然玉米用量不多，但吃下去很快就产生饱腹感。清代方志将之社会功能描述为："司地列植相望，价甚廉，数文钱便足果腹。"[4]因此，过去颁桃村的人们往往在早上熬煮一大锅玉米粥，供足家人一天的食用量。颁桃人常吃的另一大类食物为糯米制品，包括花糯饭、糯米饭团、糯米粽和糯米粑，糯米制品不好消化，即使过去那种每天两餐的饮食频率也不会很快就

---

① 大化瑶族自治县地方志编纂委员会编《大化瑶族自治县志》，广西人民出版社，2016，第225页。

② 原那马县志修志局编《那马县志草略》，《马山县志》办公室，1984，第13页。

③ 同上。

④ 蓝武、蒋盛楠编著《〈白山司志〉点校与研究》，广西师范大学出版社，2016，第99页。

让人产生饥饿感。此外，适宜在山地生长的块茎类和杂豆类粗粮在很多家庭中作为主食，如红薯、木薯、薯蓣、芋头、旱藕、葛根等块茎类作物，豇豆、红豆、黄豆、黑豆、绿豆、豌豆、花生等杂豆类作物。山村生活清苦，人们以酒肉偶尔调剂之。颁桃酿酒也常以玉米为原料，经过长时间的发酵、蒸馏提纯后存放在酒壶、酒桶里，最常见的是放在白色方形塑料桶里，网络上人们称之为"广西公文包"，本地人则戏称之为"土茅台"。家酒是颁桃老派人的最爱，日常吃饭偶尔小酌几杯，待客也以此表达敬意。这些酒度数不一，据喝过的人称，甫入口时不觉得辛辣，甚至还有点甜，上头也慢，给人度数不高的错觉，但是后劲十分大，贪杯者必然倒地不起、人事不省，酒劲甚至能持续到第二天。一整天的劳作之余喝点家酒，醉了一夜好眠，是过去颁桃人在艰辛的生活中为数不多的能放松身心的方式。颁桃村家家户户都养鸡、鸭、猪，其中还有部分人家饲养牛、羊、鹅，几处河渠塘沟出产少量淡水鱼，养殖的密度均较大，它们是颁桃人肉食的主要来源。颁桃人养殖的家禽家畜以年深日久者为贵，人们认为鸡、鸭、猪等养得越久营养价值就越高，一般在重要节庆或贵客临门时才会宰杀煮食。随着脱贫攻坚战取得全面胜利，人们的生产生活条件发生了天翻地覆的变化，农业逐步实现机械化，人们还可以从事二三产业以稳步增收，市场经济的活跃和现代物流的便利使颁桃人餐桌上的食物日渐丰富，客观上减轻了这片土地上生活的人们的生存压力。

至于生活用水，过去颁桃村每户人都是依靠打井取用地下水，没有打井条件的就去地下水出水处挑水吃。颁桃村每个屯都有地下水涌出，有些井泉干净清冽，如布康、龙荣、龙流、龙近等屯的泉水水质均较好。规模比较大的有布康泉、龙流泉和龙桃泉。布康泉深不可测，储水量大，由于所处位置地势平坦开阔，便于取用和运输，现该泉水已被自来水公司开发使用。龙流泉在龙流屯西南山脚下涌出，储水量较大，龙流人在泉眼处修井以供日常使用，泉水往龙近屯方向流，形成地表河流，是龙流屯至下梯屯片区耕地的主要灌溉水源。龙桃泉是龙桃屯周边地下水在低洼处的汇聚，有多处出水口，人们兴修水利将之做成蓄水塘。其中一个出水口在龙桃屯口大榕树下，人们在此修井用以洗衣、洗菜。另一处位于屯尾的出水口则建了水柜，水柜中的水经过加压后以自来水管送到各家各户，解决村民日常生活所需。

　　民居是人们在客观地理环境下安家栖身的智慧产物，具有鲜明的地域色彩。据颁桃耆老回忆，改革开放以前村里的房子都是用木头或竹子打桩，与地面保持一定距离，再铺木板，往上建房屋。这种房屋现在在七百弄、板升、雅龙的山村偶尔还能见到。它们以竹木等为主要建筑材料，打桩层圈养家禽家畜及堆放杂物，上层住人。从一层到二层有一段高差，人们往往在门口搭木梯或石梯进出。在《隋书》《魏书》《新唐书》等历史文献中称这种居住方式为"巢居崖处"，称这种民居建筑为"干栏""麻栏""巢居"等①。壮语里"lan"指"家、房屋"，"ge lan"即"建造房屋"。干栏式建筑就地取材，依山而建，依靠稳固的木梁屋架和高超精湛的榫卯技术屹立于山坡等地。大石山区地面潮湿，多虫蛇，威胁人们的生命。有时走在路上都能遇到毒蛇，在村寨里出现蜈蚣也是常事，毒蚁、老鼠更是司空见惯。干栏式建筑在一定程度

---

① 周去非：《岭外代答校注》，杨武泉校注，中华书局，1999，第155页。

上可以防潮、防虫。由于山间光照时间短，因此室内采光严重不足，加上山里早晚温差大，人们往往会在二层客厅中央做个火塘以照明和取暖，火塘一侧空间作为餐厅，而另一侧则是床铺。颁桃村还保留有部分旧民居，其中以龙茹屯、龙蛇屯为多。不过这些房屋虽取干栏式建筑样式，用料却稍有不同。它们用石山上取来的青石垒砌下半部分墙，而上半部分则用泥砖砌，用木梁架起屋顶，用黑瓦覆盖。房屋用料有木、石、瓦。最接近地表的一层用于圈养家禽家畜、堆放杂物等，二层住人，木板阁楼一般用来存放粮食。这些老房子都是颁桃人自建的，村里的男人女人基本都会做点儿建筑工作。它们样式简单、朴素，是人们在有限的条件下建造的兼具保护生命健康和便于保管财产等实用功能的家。一间间几乎与山地融为一体的房屋错落分布于石山之上，成为颁桃人乡土记忆的重要组成部分。

　　精准扶贫以来，颁桃村的旧式房屋留存数量逐渐减少，为数不多的几座老房基本已经不住人了。政府鼓励群众从交通、饮水不便的石山搬迁到生活条件较好的地方，颁桃村大部分群众都沿着交通干线两侧建起了平房。这类新式民居以青砖为多，红砖也有一些。多数民居在山脚下的洼地上建起，只有极少数还建在半山上。颁桃新式民居占地面积多在120平方米左右，经济条件较好的家庭会往上建起两层或三层楼房。这类房子的布局还保留着过去的样式，地面一层圈养家禽家畜、堆放杂物，二层住人。家里老人多数还是喜欢把床安在客厅里（尽管现在客厅已经没有火塘）。民居多数不进行粉刷装修，相对富裕的家庭则赶起时髦，把房屋里外装修得如同城市的商品房，有的还在房前屋后做个庭院。2018年以来，颁桃村狠抓改厨、改厕、改圈工作，要求民居内按照有灶台（洗手台）、有抽油烟机、有排气扇、有节能灶、有水龙头的标准来建造厨房；卫生间也按照排污与厨房污水分离、有热水器的标准进行改造；还开展了人畜分离的居住环境整治工作，关牲口的地方多从一层移到室外另行选址建造，人居环境的卫生情况得到极大改善。

　　生态环境是乡村风貌塑型的基础，颁桃村的农业制度、饮食起居等带有较为明显的山地印记。而颁桃人的精神文化世界也有诸多反映人地关系的内容，特别是在村规民约、民风民俗等方面含有诸多朴素的生态观。一是以民族自治县的自治法规的形式对生态环境开展保护。大化瑶族自治县在1992年即颁布实施了《关于"八五"期间消灭宜林荒山的决定》，提出到2000年基本实现绿化，有林地增加到8.74万公顷，森林覆盖率由4.6%提高到32%。[①]二是以村规民约的形式保护自然环境。颁桃以村规规定森林防火、严禁乱砍滥伐等事宜，大力宣传、执行"造、封、管、节、育"的森林资源管护措施。三是民俗、俚语里也有不少生态保护的内容。例如，为减少耕地的占用，过去颁桃村流行岩洞葬俗，至今还有一部分岩洞里安置有二次葬的灵骨塔。在颁桃村还流传着"一年烧山十年穷""放火烧山，牢底坐穿"等妇孺皆知的俗语，以及"蠢者烧山，乖人灭火"等民谚。四是民间信仰中普遍存在自然神崇拜的现象，崇拜对象包括山、水、火、木、石、飞禽走兽等，"或树穴中，或岩洞外立一卷石，方寸木即神也……其树旁岩畔相戒，无敢作践，虽童稚亦

---

　　① 大化瑶族自治县地方志编纂委员会编《大化瑶族自治县志》，广西人民出版社，2016，第1061页。

知之"[①]。颁桃人长期在山箐中生活，感恩自然生态环境的馈赠，敬山敬水的山水神灵原始崇拜体现了人们敬畏自然和保护环境的价值取向。

可见，自然环境为人类的生存和繁衍提供了物质基础，并在一定程度上影响人类的生计方式和聚落风貌。这个程度会随着经济社会的进步而减弱。颁桃人从依山而居发展到沿交通干线而居，从一饮一啄皆靠山地到五湖四海的美食齐聚餐桌，与自然环境之间的关系也越来越和谐。

（二）环境问题与困境

人类从自然中获取资源的同时，由于观念和技术等方面的不到位，容易对生态环境造成一定程度的破坏。颁桃村所处的喀斯特山区本就生态脆弱，对产业发展有诸多天然局限，国家对颁桃村所在的桂西北大石山片区的开发强度也做过严格的规定限制。否则，生态环境一旦被破坏将难以修复。颁桃村及其附近的桂西北山村的人地之间的关系也已经遇见了一些问题。

一是农村规划滞后的问题。如今，广西除部分特色村落及古村屯外，像颁桃村这样的村落定位模糊、发展方向不明确，以至于影响到其生态规划的制定和实施。《广西乡村振兴战略规划（2018—2022年）》中提出分类推进村屯发展，并将村屯分为集聚提升、城郊融合、民族特色、搬迁撤并四种类型，依据村屯自身区位条件和资源禀赋擘画乡村振兴之路。而在具体实施过程中，颁桃村这样的

---

① 蓝武、蒋盛楠编著《〈白山司志〉点校与研究》，广西师范大学出版社，2016，第86页。

村落很难对自身资源进行客观的评估，过去那种忽略开发强度、乡村传统肌理和村民意愿的生态规划亟待更新。一些脱离生态环境客观实际、生硬复制粘贴的生态产业亟待调整，特别是与农业争耕地和不适用于喀斯特地貌的绿化角和绿化带等，不仅覆盖了乡村原生态的和谐景观，而且出现了大批苗木品种水土不服、存活率低而导致的资源浪费问题。规划的滞后影响了农村生产、生活、生态（"三生"）空间的进一步优化。农村生产、生活、生态空间功能各不相同，相互之间在区域上有所叠加，但进一步规划生产空间中的适种/养、限种/养、禁种/养区域实属必要，在并不适宜的地方建设养殖场、开设工厂，容易对生活空间和生态空间造成一定程度的威胁。生态环境综合治理须全面铺开，否则会陷入"头痛医头、脚痛医脚"的窘境。另外，生态空间的产业准入机制和开发强度有待明确，从源头上减少生态环境的压力。

二是环境基础设施尚未完善。颁桃村污水管网铺设和垃圾处理存在明显短板。大量生活污水、粪便直排导致水污染，污水治理任务艰巨。生活垃圾处理能力不足，无害化处置率低，垃圾分类处理普遍未能得到有效推进，资源化利用率低，有机废弃物综合处置利用设施少。

三是存在一些生态破坏现象。首先是捕猎野味的饮食习惯对生态环境存在一定程度的破坏。现今，颁桃村的部分村屯仍存在捕食野生动物的传统，最常见的是捕猎鸟类和蛇用以泡药酒，或制成传统的"鸟肉酢""兽肉酢""龙虎凤汤"[1]等菜肴。其次是农业生产

---

① 广西壮族自治区地方志编纂委员会编《广西通志·民俗志》，广西人民出版社，1992，第81—91页。

过程中化肥农药的使用过度而导致的水污染和农产品污染。此外，还存在一些因过度开垦荒山陡坡或焚烧祭扫引发山火等生态破坏行为。

四是生态产品和生态价值开发不足。颁桃村目前对生态服务价值评估远远不足。生态服务价值评估包括生态产品价值、调节服务价值和生态文化价值等指标。颁桃村拥有民族风情浓郁及地域特色鲜明的原生态景观，但尚未建立科学的生态产品价值核算体系进行"摸家底"。各屯的生态产品尚处于小而散、各自为政的状态，经济带动辐射范围小，不利于核算价值、开展区域生态协同保护及乡村原生态经济价值转化等工作的推进。另外，生态产品有待进一步开发。颁桃村位于中国长寿之乡大化瑶族自治县，并毗邻世界长寿之乡巴马瑶族自治县，拥有得天独厚的生态经济产业条件。目前已有辣椒、黄瓜、苦瓜、豇豆、芥蓝等5种农产品通过农业农村部农产品绿色食品认证，打出了"长寿牌""富硒牌"等农业品牌。然而，这些生态产品基本是处于粗加工或轻加工的状态，产业链短，生态产品的"难度量、难抵押、难交易、难变现"、多层次多环节增值和线上线下融合商业模式等问题都有待进一步探索解决。

人类社会依赖自然环境存续，生态屏障一旦被破坏，人类自身的安全和发展都将无从谈起。颁桃村经历了长时期的人地互动，颁桃人对自然环境有索取、征服和开发，也有依赖、保护和修复。在生态环境脆弱的自然条件下如何发展，人地关系如何调适，成为颁桃村推动乡村振兴工作的重要课题。习近平总书记在党的二十大报告中强调，要"像保护眼睛一样保护自然和生态环境，坚定不移走生产发展、生活富裕、生态良好的文明发展道路，实现中华民族永续发展"，为颁桃村的发展提供了理论指引。

三、生态振兴的深化路径

绿水青山就是金山银山，深挖自然资源禀赋，立足新发展阶段、贯彻新发展理念、构建新发展格局，走绿色发展之路是颁桃村的必然选择。学界对乡村生态问题的研究成果丰富，有学者将生态振兴视为"后扶贫时代"治理相对贫困的重要路径，对其价值逻辑的主要体现进行深入剖析[①]；有学者对乡村生态问题进行梳理并提出治理的原则及具体应对措施[②]；此外还有学者从制度、产业和理念等方面提出实现乡村生态振兴的对策措施[③]。这些成果为颁桃村生态振兴工作的开展奠定了深厚的学理基础，但他们均是聚焦于乡村出现的普遍性生态问题，而对具体的乡村尤其是后发展的民族地区乡村关注较少，缺乏针对性强的理论与实践相结合的分析。颁桃村经历了长时段的人地互动，乡村生态振兴工作业已拉开序幕，对其深化路径的讨论或可为桂西北地区山村人地关系的和谐发展提供一些参考。

（一）强化智力支持，做足规划立项的功课

1.明确本村定位与发展方向

加强与高校、科研院所的合作，对村屯地理区位、资源条件和

---

① 邓玲、顾金土：《后扶贫时代乡村生态振兴的价值逻辑、实践路向及治理机制》，《理论导刊》2021年第5期。

② 黄国勤：《论乡村生态振兴》，《中国生态农业学报（中英文）》2019年第27期。

③ 张俊飚、王学婷：《乡村生态振兴实现路径的对策思考》，《中国地质大学学报（社会科学版）》2021年第2期。

开发强度进行充分调研，科学划分乡村类型。在严格遵守规划红线（用地、道路、建筑控制线）、绿线（各类绿地范围控制线）、蓝线（江河湖库渠湿地等地表水体保护和控制线）、黄线（重大基础设施用地控制线）、紫线（历史文化街区和历史建筑保护范围线）等城乡规划控制线的基础上，科学规划村庄的发展蓝图，防止与其他乡村过度同质化而出现"千村一面"的现象。完善顶层设计，按"望得见山，看得见水，记得住乡愁"的标准，以原有山川、植被、民居为底图，植入农耕、多民族等传统乡愁文化元素，建设生态宜居的新农村。

2.规范村容村貌整治工程

通过专业机构对乡村土壤、水热条件等进行科学评估，减少因乡村绿化美化项目水土不服而导致的浪费。做活民族传统经济，针对耕地稀缺的喀斯特地貌，引入"微田园""微菜园""微果园""庭院经济"等农业新业态，形成一批集农业种植、休闲观光、康养度假于一体的产村融合项目。根据季节变化、作物高差和当地传统种植规律，打造轮作、彩化等实用性与观赏性兼具的景观体系，营造民族地区乡村生活美学场景。

3.优化村庄"三生"空间布局

保障生产、生活、生态功能区之间距离的安全性、便捷性和资源节约化，有效协调环境治理、乡村生活、产业发展。一是在保护自然环境的基础上开展产业项目的环评工作，严格控制环境容量上限。加强畜禽粪污资源化利用，推进化肥农药减量增效，推广农作物病虫害绿色防控产品和技术。全面实施秸秆综合利用，加强可降解农膜研发推广。二是依托河流、湖泊构建田园风光和农耕文化图景，提高乡村生活舒适度。就近融入中国重要农业文化遗产组团式、差异化发展格局，形成产业生态圈和农商文旅体融合发展的新业态，和千村千面、千村千情的乡村生态精品线路。三是建立区域生态协同保护机制，以利益联结为核心，与特色乡镇、农业园区、精品村落抱团"打包"形成大景区及生态协同保护群体，形成山水田园风光与新型乡村形态交相辉映的格局。

（二）强化政策执行，推进生态振兴取得成效

1.推进生态保护常态化

健全乡村生态补偿机制，统筹中央财政重点生态功能区转移支付、跨省区域流域横向生态保护补偿及市场补偿等多元化补偿资金，保障乡村生态治理保护资金投入稳定及监管队伍建设。在现有的生态公益岗位设置和生态治理保护补贴基础上，提高生态护林员和卫生清洁员的专业水平，通过党员积分等方式激励全村群众加强对水源林、河流流域和耕地的保护。从根源上严禁污染工业和城镇垃圾向乡村重点生态区转移，推进乡村企业农业生态化转型，推进有机肥替代化肥、畜禽粪污及秸秆资源化利用、废弃农膜回收、病虫害绿色防控，实现生产清洁化及废弃物资源化，推进农村水污染、土壤重金属污染防治及荒漠化、石漠化及坡耕地水土流失综合治理。

2.推进农村生活方式现代化

一是开展农村环境基础设施建设。大力推进农村垃圾、污水、厕所治理"三大革命"，突破影响农村生活品质的瓶颈。推进城乡环卫一体化，按照"户分类，村（屯）收集，乡（镇）转运，县（市）处理"的原则，从垃圾源头分类减量、资源化处理利用，提供高效垃圾处理服务。统筹农村改厨改厕和污水、黑臭水体治理，

因地制宜建设污水处理设施，加快农村户用无害化卫生厕所全覆盖，开展粪污治理。有序推进农村厨房煤改气、煤改电和新能源利用，提升农村空气质量。二是引导村民树立人与自然和谐发展观念，增进群众对绿色生活的认同。进一步发挥行政司法、村民公约、道德理事会等公共力量，运用乡村微博、微信公众号平台开展宣传、监督，革除传统生活中破坏生态、污染环境的陋习，提倡文明健康、绿色低碳生活，使山水林田湖草生命共同体成为村民共识，形成保护环境"人人可为，人人愿为，人人乐为"的社会氛围。三是倡导绿色消费方式，建设生态友好型新农村。通过村风民风家风建设，改变铺张浪费的消费风气，倡导适度、节制消费，注重节约水、电、森林、草地等资源能源，减少环境污染；购物时选择绿色、可重复使用、可再生能源产品，实现可持续消费；养成垃圾分类习惯，提升垃圾循环回收率和资源化处置率。

（三）强化市场导向，以生态经济发展促进生态振兴

1.做好生态产品价值评估

一是明确生态产品权责归属。颁桃村已对乡村山水林田湖草等各类自然资源资产进行统一确权登记，划清权属边界。下一步将摸清各类生态产品数量分布、质量等级、功能、保护和开发利用情况等信息。二是开展生态产品价值核算。通过专业的生态产品价值核算评估机构，按照国家生态产品价值核算规范，对水域、森林等生态产品进行生态价值核算，细化各类不同生态产品的价值评估标准，摸清各类生态产品的价值。三是完善生态产品产权交易制度。依托农村产权交易信息服务平台，进一步探索农村集体经营性建设用地

入市办法、生态补偿制度、农地流转履约保证保险制度等，为生态产品交易变现打好基础。

2.提升生态产品服务供给能力

一是做好生态旅游产品研发，打造精品乡村旅游线路。尊重乡土情感和优秀传统文化，保护民族村落风貌，从传统文化中汲取生态振兴所需的营养。与一批特色生态旅游示范村镇和精品线路协同打造以生态农业为基础、生态文明为支撑的农村生活沉浸式体验旅游大景区。二是大力开发特色农产品品牌。立足特色资源，大力开发特色优势生态产品，推进"三品一标"产品认证工作，开展生态产品质量安全溯源式监管。提升生态农产品的文化内涵，从精深加工、包装设计、市场营销到文化创作，凸显深厚民族文化底蕴和鲜明的地域特色。三是开发生态旅游、生态康养、生态教育等服务。与河流、湖泊等连片区域等核心地带及附近特色传统村落串联，建设乡愁风景带，打造沿线乡村振兴体验游精品线路，推进农商文旅体融合发展，融入乡村生态旅游产业圈。发挥"天然氧吧""天然富硒""长寿之乡"等生态优势，主动应对老龄化社会康养刚需，大力发展生态健康、生态养老、生态体育和生态文化等长寿健康养生产业，融入生态康养产业圈。厚植生态文明理念，打造一批生态教学实践基地，传播优秀乡土生态文化、生态民俗传统、农耕文化、中医药文化，融入集亲子活动、农耕体验、野生动植物守护、科普教学等于一体的沉浸式生态教育服务产业圈。

3.缩短产品与消费者的距离

过去颁桃人聊以果腹充饥的土产之物的商业价值逐渐被开发，并成为市场的宠儿，形成了一系列产品甚至精品。颁桃村所在的大化瑶族自治县以人民群众饮食文化为基础打造的"壮瑶大席"是近年开发的产品中的典型。壮瑶大席采用近百种绿色生态食材制作成88套佳肴118个品种，兼具食用、药用、文化及经济价值，其制作技艺具有突出的民族性和地域性特征。产品做出来了，名气打响了，接下来需要进一步缩短产品与消费者之间的距离。一是发展数字生态经济。促进大数据、物联网、云计算等新技术与生态农业、生态旅游、生态教育等生态产品的深度融合，精准化目标客户群体，形成快速的市场需求反应机制和客户体验反馈机制，使生态产品与服务更具个性化和多元化。二是拓展营销途径。充分运用"万企帮万村""企业+基地"等直购直销模式以及"互联网+"的短视频、直播等模式，促进生态产品线上线下融合，实现产品多层次多环节增值，促进生态产品经济价值转化。

美丽的山水田园风光和丰富的绿色有机健康食材是桂西北山村成为人们情感羁绊的重要原因。颁桃人与自然环境之间的关系从顺应到改造，再到努力走向和谐，不仅将原本有限的天地开拓延展，还与更大的世界产生了连接，大为减轻因人类索取生存资料而造成的生态环境压力。诸多与颁桃村发展阶段相近的桂西北山村在开展宜居宜业和美乡村建设的过程中，应立足自身资源禀赋，明确定位与发展方向，最大限度地保留特色风貌，防止出现"千村一面"的现象。同时，深入推进农村环境基础设施建设，深化生态环境综合治理，在严格控制环境容量上限的基础上进一步优化乡村"三生"空间布局，构建田园风光和农耕文化交织的乡村生活图景，保障生产、生活、生态各功能区的安全性、便捷性和资源节约化。最重要的是，以生态经济发展促进生态振兴的路径已被多地实证有效，对于颇具生态资源禀赋的桂西北山村来说，进行一次彻底的生态产品"摸家底式"价值评估行动是必要且迫切的。在明确自身生态产品服务供给能力的基础上，推动生态产品与数字经济的有机融合，形成含特色农产品、工艺品、生态旅游、生态康养、生态教育等系列产品的产业生态圈，促进生态产品经济价值转化。

第二章　颁桃村的族群关系

在桂西北地区，有许许多多像颁桃村这样的山村。它们的地理空间基本上都是被山川割裂的山间箅场，呈现出千山万箅中屋舍错落有致的自然村落形态。在山川形便造就的自然村屯的基础上建立行政村是为了行政管理的便利，同时也在客观上导致各村民族成份的多样化。例如，与颁桃村相邻的几个行政村中，尽管弄亮村、皂江村是小村，水力村、共和村是大村，但他们都是多民族聚居的村落。

桂西北这片峰丛之间、洼地之上的地理空间，历来是壮族、瑶族、苗族、仫佬族等多个民族的生息繁衍之地。桂西北山村多民族长期共建共处是我国民族关系史的缩影。费孝通先生曾这样论述中华民族实体的形成："它的主流是由许许多多分散孤立存在的民族单位，经过接触、混杂、联结和融合，同时也有分裂和消亡，形成一个你来我去、我来你去，我中有你、你中有我，而又各具个性的多元统一体。"[1]颁桃村虽然只是桂西北地区中一处很小的地理空间，

---

[1]　费孝通主编《中华民族多元一体格局》，中央民族大学出版社，2018，第17页。

但通过对它的族群关系进行研究，可以管窥桂西北地区基层村落社区族群之间交往交流交融的历史细节和动态。

一、族际和谐的历史基础

民族关系历来是边疆民族地区关注的重点，特别是国家将促进民族交往交流交融作为衡量民族工作成效的其中一个重要标准后，学界掀起了对民族交往交流交融内涵的大讨论以及史料挖掘整理等方面研究工作的热潮。近20年来，学者们集中于对民族交往、民族交流和民族交融三者关系的讨论，先后提出形神关系论[1]、层级递进论[2]、结构—过程—功能性要素论[3]等观点，至今尚未形成定论。不过，学界普遍认为，民族交往交流交融是民族间共同性增多，你中有我、我中有你、谁也离不开谁的民族关系。颁桃村是桂西北地区一个普通的多民族聚居山村，拥有深厚的族群互动历史基础。

（一）多族群活动的历史

先秦时期，颁桃村所在区域百越杂处，且与中原地区产生了互动关系。《墨子》《韩非子》等多部先秦典籍均将颁桃村在内的广大岭南地区划入尧的治理南界范围[4]；《逸周书》中还记载了这个区域

① 金炳镐、肖锐、毕跃光：《论民族交流交往交融》，《新疆师范大学学报（哲学社会科学版）》2011年第1期。

② 马瑞雪等：《论民族交往交流交融》，《新疆师范大学学报（哲学社会科学版）》2019年第2期。

③ 高永久、杨龙文：《马克思主义交往理论视域下的民族交往交流交融：概念内涵与逻辑依循》，《广西民族大学学报（哲学社会科学版）》2022年第4期。

④ 墨翟：《墨子》，王学典编译，江苏凤凰科学技术出版社，2018，第122页。

向周天子纳贡的规定："正南瓯、邓、桂国、损子、产里、百濮、九菌，请令以珠玑、玳瑁、象齿、文犀、翠羽、菌鹤、短狗为献。"①从这些古籍的记载来看，早在先秦时期这片区域就是一个多族群活动的地理空间。

　　在秦始皇南征百越之前，颁桃村所在的区域还组建有部落联盟西瓯，并与同时期的诸侯国一样有自己的君主，其兵力还相当强盛，曾一度与秦军拉锯僵持了数年，史载："乃使尉屠睢发卒五十万，为五军，一军塞镡城之岭，一军守九疑之塞，一军处番禺之都，一军守南野之界，一军结余干之水。三年不解甲驰弩，使监禄无以转饷。又以卒凿渠而通粮道，以与越人战，杀西呕君译吁宋。而越人皆入丛薄中，与禽兽处，莫肯为秦虏。相置桀骏以为将，而夜攻秦人，大破之。杀尉屠睢，伏尸流血数十万，乃发适戍以备之。"②在结束这场旷日持久的大战之后，秦始皇置岭南三郡，颁桃村所在的区域也正式被纳入中央王朝治理版图之内，隶属于桂林郡。秦始皇南征百越在客观上推动了颁桃村所在区域族群的互动和流动，同时被派驻到岭南的军队、谪戍等群体增进了该区域族群的多样性。此后，颁桃村所在区域又因为战争、灾荒、经商等原因陆续迁来苗族、瑶族等族群。在范成大、周去非等宋人笔记中，该区域的族群数量已非常之多："僚在右江溪峒之外，俗谓之山僚……旧传其类有飞头、凿齿、鼻饮、白衫、花面、赤裈之属二十一种，今右江西南一带甚多，殆百余种也。"③清代志书简要概括为："汉土杂居，瑶壮错

---

　　① 皇甫谧撰，宋翔凤、钱宝塘辑《帝王世纪　山海经　逸周书》，辽宁教育出版社，1997，第63页。

　　② 杨有礼注说：《淮南子》，河南大学出版社，2010，第614页。

　　③ 周去非：《岭外代答校注》，杨武泉校注，中华书局，1999，第416页。

处。"①而据民国县志的记载，近代时期颁桃村所在区域已活跃着苗族、瑶族等多个族群②。

"颁桃村"这个词源于1964年组建生产大队时，据《大化年鉴（2006—2010）》："1964年将龙颁、龙桃两个大队合并，各取一字设颁桃大队。1965—1968年为颁桃公社，1969年复称颁桃大队，1984年改称颁桃村公所……1995年，村改委，称颁桃村民委员会。村委会驻龙颁屯。"③可见，颁桃村是在多个自然村的基础上成立的行政村，其村名本身即是一个壮汉双语合成词，是他称或者官方称谓，因为在壮语中"ban"的意思是村庄，人们将之壮音汉记，写作"颁""板""班"等字，"颁桃"汉语直译即桃村。颁桃村名已大致勾勒了一个多语言文化共存、交融的山村轮廓，是多民族聚居共建村居家园的直观呈现。

（二）同出中原的祖先记忆

在我国，"村"有自然村和行政村两种，自然村是以山川、河流、道路等自然物为边界形成的聚落，在桂西北地区常称之为"屯"；而行政村则是人为划定边界的地理单元，通常由数个屯组成一个行政村。据《大化年鉴（2006—2010）》记载，原先颁桃村有龙颁、龙勒、龙冲、龙房、龙欧、龙余、局生、布康、龙蛇、龙桃、龙茹、龙角、龙流、岩台、下梯、岜满、龙近、龙荣等18个自然

①　陈如金修、华本松纂《百色厅志》卷一，光绪十七年刻本，第1页。
②　原那马县志修志局编《那马县志草略》，《马山县志》办公室，1984，第4—7页。
③　大化瑶族自治县年鉴编纂委员会办公室编《大化年鉴（2006—2010）》，广西人民出版社，2015，第759页。

屯①。从20世纪50年代开始，政府陆续组织桂西北山区生活条件较差的群众搬迁到相对平坦的地方居住，在该政策背景下，岜满、岩台的群众搬迁到龙流、龙茹、龙蛇等屯，龙冲、龙勒等的群众从山上搬迁到龙颁、龙近对面，形成现在的16个自然屯格局。这16个自然屯名称为：龙颁、龙冲、龙勒、新村、龙近、龙流、龙余、龙桃、龙房、龙茹、龙蛇、龙欧、布康、龙荣、局生、下梯。屯名中"bu""ban""long"等壮语发音地名十分普遍。"bu"意为"人"，汉字音译为"布""部""埠"等，"bu ban"意为居住在村庄里的人；"long"意为山间地块，汉字音译为"弄""龙""隆"等，"bu long"意为居住在山里的人。

　　颁桃村各自然屯以同族聚居为主，同姓家族聚居现象普遍。颁桃村人数较多的姓氏有韦、蒙、覃、蓝、陆、罗、唐、兰、黄、农、林等。根据村中耆老口述及搜集到的家乘所载，各姓氏均认为自家先祖是从外地搬来颁桃村定居的。人们普遍声称，现如今颁桃村所在的地方原是隔壁古乔村、共和村的土地，因地表河流少，土地多为旱地，少有人居住。后来移民逐渐迁来，此处人气才渐渐旺起来。例如，龙颁屯各姓居民普遍认为他们的祖先是从都安瑶族自治县迁来的，清末民初跟隔壁共和村买了龙颁这片土地落居繁衍至今。2024年1月23—26日，该屯还举办了立社100周年庆典。龙颁大姓蓝氏的族谱即记载他们是都安瑶族自治县澄江镇合建村敢苏屯蓝姓的分支。

　　历史文献对包括颁桃村在内的桂西北区域的族群移民时间和地点

---

　　①　大化瑶族自治县年鉴编纂委员会办公室编《大化年鉴（2006—2010）》，广西人民出版社，2015，第759页。

的追溯似更为详尽。如，上林县澄泰乡成书于唐代的《澄州无虞县六合坚固大宅颂碑》上有："维我宗祧，昔居京兆，流派南邑。"并强调："皇皇前祖，睦□后昆，上祢京兆，奕叶高门。流派南地，盖众无论，遍满诸邑，宗庙嘉存。"①而广泛流传于桂西北地区的韦、莫、李等大姓族谱则多称其先祖是宋皇祐五年（1053年）随狄青南征时迁来，如《南丹土官莫遐昌墓志碑》称"本系山东青州府益都县人氏"②，《南丹土州北吪哨目莫文锦墓碑》称其"原籍山东青州府益都县丁字巷白米街人氏"③，《南丹县六寨哨莫姓哨目族谱碑》称"溯我祖籍江西吉安府吉水县白水街人氏"④。颁桃村所在区域的民国时期志书则称："前明正统间，马姓由宾阳县之古城迁来。而陆、黄、韦、□四姓，则由东兰县移住。溯其初来，马姓仅是一人，陆、黄、韦、李四姓，合而计之，人数亦不满百。逾前清中叶，林、钟、张、古、李、卢、黄等姓，或由宾阳县，或由邕宁县，纷至踏来，计其人数，与先来之陆、韦、马、黄、李等姓相较，加一倍多。上述各姓，其先原住珠江流域，同是中华汉族，惟迁来有后先，生育有多寡之不等耳。"⑤与历史文献表述高度一致的是，颁桃村内各姓氏家族不管说是何时何代从都安瑶族自治县抑或别处迁来颁桃村落居，都坚定地认为自家更早的祖先其实是来自中原。如龙颁蓝氏认为他们是炎帝儿子昌

---

① 广西民族研究所编《广西少数民族地区石刻碑文集》，广西人民出版社，1982，第1页。

② 广西民族研究所编《广西少数民族地区石刻碑文集》，广西人民出版社，1982，第173页。

③ 广西民族研究所编《广西少数民族地区石刻碑文集》，广西人民出版社，1982，第181页。

④ 广西民族研究所编《广西少数民族地区石刻碑文集》，广西人民出版社，1982，第183页。

⑤ 原那马县志修志局编《那马县志草略》，《马山县志》办公室，1984，第4页。

奇的后代。在当地族谱记载的祖先传说故事中，昌奇出生时轩辕氏以一株贡蓝相赠贺，故以蓝为姓，并以诗记之曰："受姓荣封爵汝南，根深蒂固实夸堪。一株结子传天下，府府州州胜曰蓝。"其余各姓氏家族虽然对各自祖先迁徙落居颁桃村的路线和时间说法不一，但均认为他们祖先从河南、陕西、山东等地迁来。

学界已有丰富的研究成果论述在各类祖先传说故事中存在攀附炎黄二帝的普遍现象和模式化的叙事结构，从调研结果来看，居处偏僻深山的颁桃村各族群的始祖神话也不能免俗。祖先记忆何时开始存在？如何传递扩散？在历史长河中经历了怎样的变迁过程？甚至是否与历史真实相吻合？这些问题都不影响颁桃人将老家为中原的观念根植于心，普遍具有"五百年前共一家，不同祖宗也同华"的心理。如今在颁桃村，无论是谁家办婚丧喜庆事宜或是村中办节庆庙会，只要道公师公做法事，必唱歌颂伏羲（依）女娲造人的始祖神话，并对家族祖先艰苦创业的故事进行现编现唱。以上种种反映了颁桃人民群众在身份认同上的高度一致性。

（三）聚落形态的变迁

颁桃村的地理位置正处于云贵高原向南宁盆地的过渡地带，为喀斯特地貌，境内石山多平地少，当地人称这种地理环境为"山峁"。"山"是石灰岩山峰，平均高约500米，有的是孤峰，但多数是连绵起伏的群山，山势峻峭；"峁"即山间洼地，地块大小不一、高低不平、形状各异。即使全村只有龙近河和龙荣沟两条地表河流，但由于地下水系发达，加上降水期集中且雨量充沛，这种山峁很容易发生内涝。颁桃村各族群众在这样的自然条件下建设家园，出于便于取水的同时避免内涝灾害，以及多留些洼地做生产之用的综合考虑，过去多数民居分布在石山半山腰左右的区域。人们挨着石头山体搭建房屋，各族群被山峰物理分隔开来，互相往来困难。清代方志形容这种居住形态为："倚岩穴为居止，山高、地瘠、田寡、人稀。"①即使到了改革开放初期，颁桃村的人们出了家门依然要走弯曲狭窄的山路、砂石路，大客车、汽车走不了，小的摩托车、自行车骑着翻山越岭不仅费劲、费轮胎，而且危险。人们出行一般靠步行，仅有少部分靠牛和马。尤其是龙茹、龙蛇、岩台等屯，均处于几乎与世隔绝的重峦叠嶂之中，出屯需要翻过几座山，与别的村屯交往较为困难。人们只有在人情往来、购买生产生活物资、看病求医时才会出村。

精准扶贫以来，扶贫搬迁和修路成为颁桃美丽乡村建设的重要工作。目前，颁桃村完成了对居住在半山、群山之中群众的搬迁，除了搬迁到靠近村中交通道路的平地外，另有部分易地搬迁到大化瑶族自治县县城的拿银社区、古江社区、钦州中马产业园等安置点。同时，颁桃村中已经拥有二级乡村公路、屯级水泥硬化路、机耕路和产业路四种交通路面。颁桃进出村的二级路修通之后还通了公共汽车。屯级路从村道连接到各屯，有些屯之间也是通过屯级路直达，补上了外界到家门口的"最后一公里"。机耕路和产业路网络形成后，生产资料和农产品的运输问题也得到解决。交通和居住条件的改善为颁桃各族群的流动和发展提供了通道，也在客观上打破了阻碍各屯人民交往的壁垒。颁桃各族人民赖以生存的有限天地被无限拓宽，人们不再拘泥于耕地谋生一条出路。生存生计的自然资源比例的重新分配和自然灾害抵御能力的提升打破了各族群众居住格局的半岛礁状态，也在客观上缓解了人们在生产资料方面的矛盾，减

---

① 林光棣纂修《天河县志》卷上，道光六年修抄本，第24—25页。

少了族群冲突，族际关系变得更为和谐、团结。

颁桃村在很早以前就是多族群活动的舞台，至今已形成近3000人的村落。壮族、瑶族先民等多个族群在此经历了长期的互动，流传着诸多相似度极高的祖先迁徙落居颁桃村的故事，加上政策驱动和交通条件的改善导致的村落形态聚合，均为各民族交往交流交融奠定了良好的基础。

二、民族交往交流交融的进展

马克思主义民族理论认为，民族是一种演进过程，具有历史属性。根据2005年中央民族工作会议确定的定义："民族是在一定的历史发展阶段形成的稳定的人们共同体。一般来说，民族在历史渊源、生产方式、语言、文化、风俗习惯以及心理认同等方面具有共同的特征。有的民族在形成和发展的过程中，宗教起着重要作用。"[1] 颁桃村现有704户2729人，其中以壮族、瑶族两个民族人口为多数。壮族是广西的世居民族，学界普遍认为壮族直接祖先是西瓯骆越先民，而认为瑶族则是从湖南、粤北等地迁入广西的游耕民族。然而，也有学者研究指出，明清至民国时期的广西瑶族与其说他们是一个血缘之族，不如说他们是一个文化群体。[2] 即，桂西北地区的瑶族不一定是从遥远的地方迁徙到此的，也可能是本土居民在改土归流、里甲制、民族政策等历史、政治、经济、文化等力量的影响之下演变而成的民族实体。除了瑶族以外，颁桃村中还有少量汉族、侗族、布依族等民族。可见，在历

---

① 金炳镐主编《马克思主义民族理论发展史》，中央民族大学出版社，2007，第23页。
② 胡列箭：《名与实：广西瑶人分布研究（1368—1954）》，博士学位论文，复旦大学人口史，2014。

史长河中，颁桃村这处地理空间族群不断增多，人口迁徙流动的频次随着时间的推移不断增加。

（一）互嵌式居住格局已经形成

经历了整屯搬迁和自发迁移之后，颁桃村形成了16个自然屯的聚落格局，各屯民族人口数量统计如表2-1所示。

表2-1　颁桃村各民族人口逐屯分布情况表

单位：人

自然屯	总人口数	壮族	瑶族	其他民族
龙冲	106	3	103	0
龙近	240	236	1	汉族：2 布依族：1
新村	126	11	115	0
龙颁	400	320	77	汉族：3
龙勒	31	8	23	0
龙余	98	8	90	0
龙桃	194	140	51	汉族：3
龙流	397	203	190	汉族：2 侗族：2
龙蛇	47	40	6	汉族：1
龙茹	46	44	1	汉族：1
龙荣	278	272	3	汉族：3
局生	95	95	0	0
下梯	57	54	3	0
龙房	266	13	251	汉族：2
布康	230	182	45	汉族：3
龙欧	118	116	1	汉族：1
合计	2729	1745	960	汉族：21 侗族：2 布依族：1

注：根据2020年4月颁桃村人口网格化管理数据统计。

从上表可见，颁桃村以壮族人口为多，共有1745人，占全村总人口数的63.94%；其次是瑶族，共有960人，占全村总人口数的35.18%。从各村屯的分布情况来看，壮族人口占绝大多数的屯有龙近（98.33%）、龙颁（80%）、龙桃（72.16%）、龙蛇（85.11%）、龙茹（95.65%）、龙荣（97.84%）、局生（100%）、下梯（94.74%）、布康（79.13%）、龙欧（98.31%），共10个自然屯；以瑶族人口为主的屯有龙冲（97.17%）、新村（91.27%）、龙勒（74.19%）、龙余（91.84%）、龙房（94.36%），共5个自然屯；壮族、瑶族两个民族人口数大致相当的屯有龙流（壮族占51.13%、瑶族占47.86%）。可见，颁桃村各屯除了局生以外，其余15个自然屯均为各民族人口杂居，这与我国民族分布特点"大杂居、小聚居"相呼应。

颁桃村各民族居住地理格局的形成与精准扶贫期间对基础设施的完善有直接的关系，尤其是交通条件的改善使颁桃村各屯之间因山川而形成的天然界限和阻隔被打破。如今，颁桃村每两个屯之间至少有一条道路相连接，这就将原本相对封闭的一个个地理空间相互连通起来，促进了村内各民族间信息畅通、人员往来和经济文化交流。颁桃的村落形态也从依山而建演变为沿着河流、道路分布，各民族的居住地理空间边界基本消失，呈互嵌式居住格局。

（二）族群边界逐步消除

根据颁桃村老人们的回忆，在21世纪以前，颁桃村各民族之间还存在明显的族群边界。村中的壮族、瑶族两个民族对自身的民族身份认知清晰，当他们被问到是什么民族时，壮族人通常自称"suang su"，瑶族人则自称"bou yiao"。当壮族人谈起瑶族相关的话题时，一般会以"他们瑶族人……"为开头，反之亦然。过去，这种因为民族身份而产生的边界感甚至存在于青少年儿童之间，一个班上的学生基本上是壮族和壮族的玩，瑶族和瑶族的玩。当然也有一些跨民族的情谊，比如通过"打老同"、认"契爹契娘"、结拜、婚娶等方式形成亲戚关系，但这些情况在颁桃人际关系中并不常见。随着平等、团结、互助、和谐的民族关系的建立，人们不分民族享有同等的权利，在同一个山峁里从事生产劳动，老乡带老乡坐同一趟车进同一个厂务工，使民族身份边界感越来越淡。如今，民族身份在颁桃人的日常生活中鲜少被提及，对于青少年儿童来说它仅是填表时的一项内容而已。

在语言方面，颁桃村各民族内部交流时均使用本民族的方言，壮族人使用壮语，瑶族人使用瑶语。过去，不同民族的人之间交流，通常使用壮语，因为壮族人在村里占多数，壮语也成了通用语言。近年来，由于脱贫攻坚和乡村振兴对普通话的大力推广，人们在正式场合（例如各类大小会议）都使用普通话交流。乡村幼儿园对儿童的普及教育，对老人也产生了影响，即使是学说普通话比较吃力的老年人，多少也能听懂并在代际交流时努力使用普通话。语言环境的变化使颁桃村各民族之间拥有通用语言，在一定程度上消弭了民族之间的语言边界。

在社会生活方面，颁桃村两个人数较多的民族之间的边界曾经也比较明显。壮族在颁桃村不仅人口数量上占据绝对优势，而且居住的地方大都是比较大块的山间洼地，拥有村里的大部分土地资源、水资源等生产生活资料，经济发展和生活水平相对较高。村中居住条件较好的山峁基本都是以壮族为主的自然屯，比如壮族人口占比较大的局生屯、龙近屯、龙荣屯等，这些屯都是拥有大片水田的峎场，且都有河流经过。壮族较少建造一楼作为家禽家畜圈舍、二楼住人的干栏式房屋，他们将生活空间和家禽家畜的生活空间分离开来。以前瑶族人作为村中的相对少数，世代以深山老林为家，正如当地瑶族流传的《喜鹊之歌》所唱："穿越旮旯钻密林，唯山不深四处闯；高峰险崖挂天梯，索桥飞空猿猴怅；依稀来说千多年，代代住在深山乡。"瑶族村屯人居环境一般、交通不便、耕地稀少、远离水源，例如龙冲和新村两屯的原址在石山上，人们吃的、用的水都是"无根水"，即靠天下雨时蓄水，天旱无雨时只能下山去很远的地方挑水。在精准扶贫工作开展之后，这些村屯按"两不愁三保障"的标准都往条件相对较好的峎场搬迁，或整屯进行易地扶贫搬迁，原先的居住环境可见一斑。近年来，农村人居环境治理作为乡村振兴的重点工作得到推进，广西大力实施生态环境整治、水环境治理、城乡生活垃圾处理、特殊固体废弃物处理等，农村人居环境和乡村风貌得到了极大改善，颁桃各村屯的面貌都焕然一新，各民族社会生活品质的差距也缩小了。

（三）新型民族关系正在形成

民族关系是民族与民族之间在政治、经济、文化等各方面的相互关系。

新中国成立后，国家将消灭民族压迫和民族歧视作为民族工作的重点。《中华人民共和国宪法》第一章第四条规定："中华人民共和国各民族一律平等。国家保障各少数民族的合法的权利和利益，维护和发展各民族的平等团结互助和谐关系。禁止对任何民族的歧视和压迫，禁止破坏民族团结和制造民族分裂的行为。"在新的时代坐标下，习近平总书记在党的二十大报告中强调"以铸牢中华民共同体意识为主线，坚定不移走中国特色解决民族问题的正确道路，坚持和完善民族区域自治制度，加强和改进党的民族工作"，为新型民族关系的构建指明了方向。

在政治关系上，颁桃村各民族一律平等，民族压迫和剥削已被消灭。在颁桃村，除依法被剥夺政治权利者外的年满18周岁公民，无论哪个民族都有选举权和被选举权，并依法享有言论、出版、集会、结社、游行、示威的自由，担任国家机关职务的权利，以及担任国有公司、企业、事业单位和人民团体领导的权利。在各类村干部的组成中，除了壮族以外，必然有一定数量的瑶族或其他民族人员。各族人民一起参与村务管理，在乡村经济、文化事业和社会发展工作中都是主人翁，在乡村治理工作中拥有同等的权力。

在经济关系上，过去颁桃村各个民族之间的生存空间和生产资料有限，因此有时会出现资源争夺和利益纠纷的问题。随着社会转型和经济生产方式转型，以及东西部协作等利好政策的实施，村中各民族人民同处于市场经济环境之下，生计不再局限于村中的一亩三分地，而扩大至国家甚至是国际经济市场大环境之中。多种经济形式和庞大的经济发展空间调动了颁桃村各族人民的生产热情，缓解了民族之间在生存和发展问题上的矛盾。

在文化方面，颁桃村各民族互相尊重、互相交流，呈现各美其美、百花齐放的局面。各民族的传统文化不仅得以传承，相互之间还存在借鉴学习、共同发展的情况。例如，村里各族的人生礼仪、节庆习俗、民间信仰都存在一定程度的共通现象，最突出的表现是颁桃村各屯无论有多少个姓氏、多少个民族，均供奉同一座土地庙。每隔5年举办一次隆重的土地庙会，每次庙会持续3~5天，整屯男女老少包括外嫁的女儿、外出务工的人员都聚集在一起操办活动。

前述龙颁屯土地庙立社100周年庆典即是该屯中的壮族、瑶族和为数不多的汉族人共同举办的。人们在庙会中集体祭祀祖先和土地神，参与同一套民俗仪式，共享同一种民间信仰的精神慰藉。类似这样各民族共享同一节庆的活动，颁桃村每年均举办数次，通过仪式的不断重复强化集体记忆，并构筑起全村人民共有的精神家园。

中华人民共和国成立以来，党和国家高度重视民族地区的发展，不断探索民族工作的方法。70多年来，不仅拔除了民族不平等的根源，还颁布实施了很多利好政策，为许许多多像颁桃村这样的桂西北山村的发展提供了良好条件。特别是20世纪80年代开始的扶贫工作，致力于解决基础设施和配套设施建设的硬件方面问题以及基层组织建设、队伍建设、制度建设等软件方面问题，消除了交通不便、信息不对等导致的经济和社会问题，人们从解决温饱到脱贫致富，构建起平等团结互助和谐的社会主义民族关系，为民族关系高质量发展打下了坚实的基础。

三、族际和谐的深化路径

2019年9月27日，习近平总书记在全国民族团结进步表彰大会上指出："各民族之所以团结融合，多元之所以聚为一体，源自各民族文化上的兼收并蓄、经济上的相互依存、情感上的相互亲近。"因此，颁桃村深化民族交往交流交融，促进民族团结进步还须在经济、文化和心理等多个方面着力。

（一）构建各民族经济高质量发展、共同繁荣新格局

颁桃村各族人民贫富差距的根本原因虽然不在于民族之别，但因为历史上族群之间发展条件差异的长期存在，经济发展不平衡也

呈现出一定的民族特点。因此，颁桃村的经济工作关键在于政策的倾斜、均衡和可持续性。

首先要做大"蛋糕"，依靠深化改革开放不断夯实民族地区的经济基础。2014年3月4日，习近平总书记在参加全国政协十二届二次会议少数民族界委员联组会时指出："增强民族团结的核心问题，就是要积极创造条件，千方百计加快少数民族和民族地区经济社会发展，促进各民族共同繁荣发展。"牢牢把握发展这把解决民族地区各种问题的总钥匙，把后发展民族村的产业振兴作为重要任务，深化粤桂扶贫协作，进一步完善就业帮扶和社会救助兜底保障，不断增多拓宽各族群众的生计方式。

其次要把握均衡发展之道，确保改革发展成果公平惠及各族人民。在新时代民族工作的当下，不断做大"蛋糕"的同时还要努力"端平一碗水"。政策最终要落地到户到人，要进一步完善政策倾斜办法和监督机制，精准化转移支付和对口支援机制，持续加大对后发展民族特别是人口较少民族发展的支持力度。

最后要不断激发民族内生动力，提升可持续发展能力，以民族自强增进民族自信。通过推进"扶志+扶智"工程拔除"等、靠、要"思想，推动各族群众加快现代化建设步伐。通过各类政策性奖励激励措施激发各族群众的生产积极性，营造各族人民共同努力奋斗、共建共享美好家园的氛围。在党的领导下，各民族围绕乡村产业发展、就业创业、乡村振兴等共同目标，像石榴籽一样紧紧抱在一起，凝聚成攻坚克难的磅礴伟力。

（二）根植平等、多元、包容的文化理念

文化振兴作为乡村振兴五大内容之一，是深化民族关系的无形而强大的力量。颁桃村的文化具有鲜明的民族特征，各族人民均有自己的特色文化。它们是人们在长期生产生活中的智慧结晶，也是中华优秀传统文化大集合里的子集。各族文化发展有先后，但绝无优劣之分。厚植平等、多元、包容的文化理念，需教育和产业双管齐下。

一是通过公益性文化事业和文化教育事业大力推进民族平等教育。没有各民族文化的发展就没有中华文化的繁荣，因此要以增强中华文化认同为着力点，面向全体村民特别是青少年儿童开展民族优秀传统文化教育，特别是饮食文化、非遗技艺、文学艺术和节日风俗等内容，增进各族人民对本民族及其他民族文化传统的特殊性以及文化的多样性和差异性的理解，涵养民族宽容心理。通过通识教育以及新媒体等宣传平台，倡导尊重各民族文化、习俗及信仰，鼓励各民族群众互相学习语言文字，营造继承和弘扬民族优秀传统文化的社会氛围，推进共有精神家园建设。

二是推进民族文化产业化，彰显各民族文化的魅力。结合信息化、市场化、国际化的发展趋势，大力推动民族文化创新及价值转化，以此开辟传承和弘扬民族优秀传统文化的有效途径。加大民族特色的优秀文化作品创作的支持力度，进一步激发各民族文艺创作的积极性、主动性和创造性，助推民族文化提品质、出精品、创经典。积极推动民族文化的经济价值转化变现，在乡村出产的各类产品中彰显民族文化元素，形成本村特色，融入文化产品市场和要素市场。

（三）增进理解，消除刻板印象

颁桃村中各族对他族的刻板印象在深层次的心理上有所残留。特别是在利益分配的时候，这种刻板印象容易影响群众之间的关系。

要从思想上根除民族刻板印象，很考验村干部、驻村干部和乡镇干部的民族工作能力。

一是要在选人用人上注重少数民族干部的培养选拔，保障人口相对少数的族群在村级事务上平等地享有各项权利。深入探索培养少数民族干部的新方法、新途径，多渠道发现优秀少数民族干部，特别要在精准扶贫和乡村振兴实践中发掘和识别政治素质好、工作能力强、忠诚干净担当的少数民族干部。在乡镇党委政府及村民自治组织机构中，注重少数民族干部的任用，在村级各类岗位招聘中专门设置一定比例的岗位数量定向招聘本村少数民族干部。同时，注重少数民族干部的培养和储备。建立少数民族后备干部人才库，着力培养储备一批优秀、年轻的干部，确保配备跟得上、不断档。通过多岗锻炼等方式，有计划地将少数民族干部及储备干部安排到乡村振兴一线岗位或者重要岗位上吃劲负重，助力少数民族干部夯实基础、磨炼本领，不断提高决策水平和解决实际问题的能力。强化少数民族干部教育培训，思想建设与能力提升齐抓并进，结合工作需要和本领短板等实际，通过"田野课堂""大学回炉"等方式对少数民族干部进行知识能力的拓展提升培训。

二要在乡村振兴工作中强化民族间的交流合作，增进民族之间的理解。颁桃村各族群众同顶一片天，同住一片地，同耕一畲田，同饮一井水，同赶一场圩，在生产生活中的联系早已密不可分。在未来的发展中，颁桃村各族人民肩负着共同的目标任务，也面临同样的困境和挑战，是真真正正的命运与共，唯有在相互尊重的基础上展开族际友好协作才能达到双赢。而要在政治、经济、习俗等方面建立良好的族际互动关系，需抓住铸牢中华民族共同体意识这根主线，除了利用现有的村民会议等平台之外，探索通过民俗节庆、圩市贸易等契机建立不同民族之间经常性对话机制，以解决分歧、凝聚共识、增进理解、建立信任，不断巩固和发展平等、团结、互助、和谐的民族关系。

人是村落的实体，而人有社会属性。在以铸牢中华民族共同体意识作为广西各项工作主线的当下，深化民族交往交流交融是推动与颁桃村同类型的众多桂西北山村民族工作高质量发展的必经之路。而进一步缩小基层农村社区各民族之间的贫富差距，消除对他族的刻板印象则是桂西北山村民族工作的重难点所在，需要从多个方面同向发力。在民族经济方面，不仅要做大"蛋糕"，还要"一碗水端平"，注重均衡发展和可持续发展能力的提升，构建各民族经济高质量发展、共同繁荣新格局。在民族文化方面，推进民族平等教育和民族文化产业发展，厚植平等、多元、包容的文化理念，推进共有精神家园建设。而在民族心理方面，则要通过提高人口较少民族在村级公共事务上的参与度及加强各领域的跨民族合作等增进民族之间的理解，以逐步消除对他族的刻板印象。

第三章　颁桃村的治理

　　基层治理是国家治理的基石。而据史籍记载和学界的研究，在近代以前，中国农村地区的治理并不被纳入国家垂直行政体系之内，即所谓的"皇权不下县"。这一论断虽然有过于武断之嫌[①]，但也在客观上反映了农村社会的治理没有统一的制度规范。从方志、碑刻和谱牒的记载来看，直至民国时期广西山区农村依然主要依靠家族—宗族—乡族的民间力量进行层级治理。20世纪二三十年代兴起的乡村建设运动在客观上推动了来自国家行政体系的治理力量向偏远地区农村的延伸，但因为长年战乱而未能形成长效机制。中华人民共和国成立后，农村地区成为国家大政方针落地端和基层治理的重要环节。迭经土地改革、社会主义改造、现代化建设和新农村建设，中国农村主要的治理力量已经发生了变化，新的治理力量持续深入，呈现出多力共治局面。

　　桂西北山村分布在高山深谷之中，相比中原地区，国家力量的

---

　　① 胡恒：《皇权不下县？清代县辖政区与基层社会治理》，北京师范大学出版社，2015。

深入需要更漫长的时间，因此虽然早在秦时桂西北区域已设有郡县管辖，但至汉代时官员依然视此域为畏途："以地图察其山川要寨，相去不过寸数，而间独数百千里，险阻、林丛弗能尽著。视之若易，行之甚难。"[①]三国时，该地区的央地关系亦处于相对松散的状态："长吏之设，虽有若无。"[②]唐宋时期加强了对桂西北的治理，除军事力量上的宣威和刑律上的震慑外，还执行宣慰、招抚等羁縻、绥靖的怀柔政策，如唐代"邕部绝徼，裔人自擅，诱掖招徕，以威以怀"[③]，形成相对稳定的上下双轨制治理结构。而从唐代以来的这些政策实质是国家在治理框架下交给偏远山村自治的权力，其中最为突出的是从元代延续至民国的土司制度。因此，桂西北地区传统农村社会的运转在一定程度上主要依靠的是自治。这种自治力量由族权和绅权组成，它们与封建官僚体系不同，却又与之有着密切的联系。这样的基层社会运转形态一直持续到中华人民共和国成立。颁桃村虽然只是桂西北地区的一个普通山村，但通过对它的观察也可以管窥各种治村力量的演变和互动情况。

一、自治力量的制度化

在隋唐时期，深受当地群众拥戴的"都老"以铜鼓为身份象征，在桂西北山村行使调解群众纠纷的权力："俗好相杀，多构仇怨，欲相攻则鸣此鼓，到者如云。有鼓者号为'都老'，群情推服。"[④]这

---

① 班固：《汉书》卷六十四上，中华书局，1962，第2778页。
② 陈寿：《三国志》卷五十三，中华书局，1982，第1251页。
③ 董诰等编《全唐文》，中华书局，1983，第5056页。
④ 魏征等：《隋书》卷三十一·志二十六，中华书局，1973，第888页。

种部落首领一般是"本地年高有行之人"①。在宋代则有郎火的推
选："僚在右江溪峒之外，俗谓之山僚。依山林而居，无酋长版籍，
蛮之荒忽无常者也。……无年甲姓名，一村中推有事力者，曰郎火，
余但称火。"②到明代则称酋长为峒官③或布伯④，清代称赛老⑤。无
论称呼如何变迁，这些村落管理者的产生方式、权责基本上是一致
的，即他们是民主选举出来执行朴素正义、维护村落日常生活秩
序的。

据颁桃老人们回忆，在现代的村民自治组织形成以前村里原本
就成立有一些民间组织，例如跟农事生产有关的水会，跟民间信仰
有关的香会，以及跟民俗习惯有关的歌会等。民国县志即记载有防
范土匪强盗的团防保甲和禾苗会等组织⑥。民国期间，颁桃及其附
近还曾有过中国共产党地下组织活动。1933年10月，颁桃所在的
共和乡第一个党支部在良开成立，并先后在今颁桃等6个村成立党
小组。1946—1947年，这些党组织在时任滇桂黔边桂西游击挺进队
队长姚冕光（1908—1956，四川人，又名周季康）的领导下，积极
开展革命活动，全乡包括颁桃在内有137名群众加入游击队⑦。随着
新民主主义革命的胜利，党和国家日益重视农村的治理，在广大乡

① 覃兆福、陈慕贞摘编《壮族历代史料荟萃》，广西民族出版社，1986，第100页。
② 周去非：《岭外代答校注》，杨武泉校注，中华书局，1999，第416页。
③ 田汝成：《炎徼纪闻校注》，欧薇薇校注，广西人民出版社，2007，第123页。
④ 邝露：《赤雅考释》，蓝鸿恩考释，广西民族出版社，1995，第5页。
⑤ 覃兆福、陈慕贞摘编《壮族历代史料荟萃》，广西民族出版社，1986，第100页。
⑥ 原那马县志修志局编《那马县志草略》，《马山县志》办公室，1984，第11页。
⑦ 大化瑶族自治县地方志编纂委员会编《大化瑶族自治县志》，广西人民出版社，2016，第59页。

村参照行政体系建立了一套自治组织，逐步走向治理规范化、制度化。农村的自治组织机构是维系中国广大农村地区社会运转的群众性团体，一般而言设有政治组织（村级党支部，较大的村设党总支）、居民自治组织（村民委员会）、群团组织（共青团、妇联等）、经济组织（合作社、信用社等）以及事业性组织（图书馆、中小学、卫生院、技术推广站等）[①]。颁桃村配置的自治组织基本与上级乡镇党委政府部门对应，在治村工作中活跃度较高的有村党组织、村民委员会，以及部分群团组织和事业性组织。

（一）村党组织及其职能

农村党组织是党的基层组织，是农村基层组织建设的重点。农村党组织负责全面领导统筹全村各类组织和各项工作，根据2019年1月中共中央印发施行的《中国共产党农村基层组织工作条例》规定，村党组织的职责任务主要有宣传和贯彻执行党的路线方针政策和党中央、上级党组织及本村党员大会（党员代表大会）的决议，讨论和决定本村经济建设、政治建设、文化建设、社会建设、生态文明建设和党的建设以及乡村振兴中的重要问题并及时向乡镇党委报告等共六项。

颁桃村的党员人数在50名以上，因此成立了村党总支部委员会，下辖4个（龙颁、龙流、龙荣和布康）片区党支部，平时开展"三会一课"、主题党日等组织生活主要在村党总支部进行。村党总支部设委员5名，由村党员大会选举产生，接受乡镇党委领导。村

---

① 刘桂芝、孟志中：《中国农村经济经营管理业务指导全书》第一卷，远方出版社，2004，第2—3页。

党总支部常设书记1名、副书记1名、组织委员1名、宣传委员1名、纪律委员1名，主要从党员中的致富能手、外出经商务工返乡人员、本村大学毕业生、退役军人里选拔。在日常工作中，农村党组织负责的事情多且杂，包括但不限于农村经济建设、精神文明建设、乡村治理、组织建设、队伍建设等，基本上大事小情都要处理。

（二）村民委员会及其职能

村民委员会与村党（总）支部委员会合称村"两委"，是农村自治组织建设的另一个重点。村民委员会由村民直接选举产生，村中凡是年满十八周岁的村民（依照法律被剥夺政治权利的人除外）都有选举权和被选举权。村民委员会是村民自我管理、自我教育、自我服务的基层群众性自治组织，向村民会议、村民代表会议负责并报告工作。根据2018年12月29日修正实施的《中华人民共和国村民委员会组织法》，村民委员会的职责主要有促进农村生产建设和经济发展、推动农村社区建设、教育和引导村民增进团结，以及为村民服务等。

颁桃村是个大村，村民委员会设委员4名，其中主任1名、副主任3名。2020年换届时大化瑶族自治县开始在各行政村实行"一肩挑"制度，即村党支部书记和村民委员会主任为同一人，村民委员会的副主任也由村党总支部委员"一肩挑"了，有的副主任还需兼顾共青团、妇联的工作。按规定，村民委员会成员可以兼任下设的人民调解、治安保卫、公共卫生与计划生育等委员会成员，而事实上各委员会也由村民委员会成员牵头，与各村民小组组长一起组成。村民委员会接受乡镇政府的领导，负责的事务多且杂，主要处理村中公共事务和公益事业，调解民间纠纷，协助维护社会治安，并向乡镇人民政府反映村民的意见、要求和提出建议。

颁桃村划分有30个村民小组（如表3-1所示），划分依据是沿革过去的生产队制度。据《大化瑶族自治县志》记载，1984年11月，颁桃村所在的地区撤社建乡，将人民公社改为乡、大队改为村民委员会、生产队改为村民小组，1987年8月将村民委员会改为村公所，另以自然村（屯）联合成立村民委员会[1]。如今，进村入户称为"下队"的习惯也是由此而来。各村民小组选举出一名小组长，他们负责所在村民小组的日常工作，包括但不限于协助村党组织和村民委员会的工作，组织召开屯级会议讨论本屯经济和社会发展中的重要事务等。30名小组长组成村民代表大会，负责商议全村的重要事项。

表3-1　颁桃村村民小组划分情况表

屯名	村民小组
龙桃	一组、二组、三组
龙余	龙余组
龙流	一组、二组、三组、四组、五组
龙近	一组、二组
新村	新村组
龙勒	龙勒组
龙冲	龙冲组
龙颁	一组、二组、三组
下梯	下梯组
局生	局生组
龙荣	一组、二组、三组

---

[1]　大化瑶族自治县地方志编纂委员会编《大化瑶族自治县志》，广西人民出版社，2016，第29页。

续表

屯名	村民小组
布康	一组、二组
龙欧	一组、二组
龙房	一组、二组
龙蛇	龙蛇组
龙茹	龙茹组

注：该表为2024年实地调研结果，人数多的屯一般划分为2个及以上村民小组。

为方便村"两委"工作的开展，颁桃村16个自然屯被划分为四个片区，其中龙桃、龙余、龙流划为龙流片，龙近、新村、龙冲、龙勒、龙颁划为龙颁片，下梯、局生、龙荣、龙蛇、龙茹划为龙荣片，布康、龙欧、龙房划为布康片。四个片区分别成立党支部，并由一名村民委成员负责对接联络各小组长。

此外，按照《中华人民共和国村民委员会组织法》第三十二条规定："村应当建立村务监督委员会或者其他形式的村务监督机构，负责村民民主理财，监督村务公开等制度的落实，其成员由村民会议或者村民代表会议在村民中推选产生，其中应有具备财会、管理知识的人员。村民委员会成员及其近亲属不得担任村务监督机构成员。村务监督机构成员向村民会议和村民代表会议负责，可以列席村民委员会会议。"颁桃村成立有村务监督委员会，以推动农村平等、法治、和谐，同时它具有维护村务公开、公平、公正的制度屏障作用。颁桃村村务监督委员会设主任1名、委员2名，由村民代表大会从懂法律、懂政策、懂村务的村民中选举产生，负责对村"两委"履职过程的合法性、公平性和合理性进行监督。

村干部是村民办理大小事务时最常接触的人，其中，村党（总）

支部书记（兼任村民委员会主任）、村党支部副书记（兼任村民委员会副主任），以及村民委员会副主任（兼任其他群团组织的负责人）为全脱产干部，其余均为半脱产干部。

（三）群团组织及其职能

农村共青团属于团的基层组织，肩负培养教育农村青年人才的任务。由于颁桃村中的青年基本外出求学、工作，留在村里的青年人数较少，因此村里仅成立了团支部委员会，有1名团支书和2名委员负责日常工作。村团委在乡镇团委的指导下工作，完成《中国共产主义青年团章程》第二十四条规定的各项工作职责①。团支书和半脱产村干部一样轮流值班，协助村党支部书记打理村务。平时则通过走村入户的方式向青年宣传党的路线方针政策，以此巩固和扩大党执政的青年群众基础。因为担负直接教育团员、管理团员、监督团员和组织青年、宣传青年、凝聚青年、服务青年的职责，团支书需带领青年踊跃投身乡村振兴实践，推动社会主义现代化建设，并在实践中发现青年人才，为党输送新鲜血液。

妇女组织是党和政府联系妇女群众的桥梁和纽带，行政村的妇女组织是其基层组织之一。颁桃村的留守妇女人数不少，为了方便工作开展，全村成立了妇女工作委员会，每5年举行1次妇女代表大会进行换届选举，推选主任1人、副主任若干人（各片区均有分布），负责日常工作。该委员会在共和乡妇女联合会的指导下开展工

---

① 刘俊彦主编《新时代团支部工作规范与方法》，现代出版社，2021，第290页。

作，完成《中华全国妇女联合会章程》规定的各项工作任务①。其日常的工作为组织妇女开展国家大政方针、时事新闻和农业科技等方面的集中学习讨论，组织动员妇女投身社会建设、家庭建设和文化艺术事业，维护妇女儿童合法权益，建设妇女之家和儿童之家。通过妇女工作委员会的工作，颁桃村不仅组建了妇女文艺工作队，还涌现了数十名乡村振兴种养能手。

（四）经济组织及其职能

颁桃村的主要经济来源是劳动力转移的外出务工收入，其次就是家庭联产承包责任制形式的农业经济收入，二三产业尚处于新兴阶段。长期处于贫困境地，颁桃村的经济组织很是有限。从20世纪50年代发展而来的农村经济合作社，牌子挂在旧村委办公地点龙桃屯，但一直没有什么发展路子，仅靠村民委员会的几名班子成员打理，直到脱贫攻坚工作开展以后颁桃村引进了产业扶贫项目，颁桃村的经济发展才有所起色。2016年，颁桃村将后盾帮扶单位广西社会科学院投资建设的蔬菜大棚作为村集体资产入股合作社，通过"公司+合作社+贫困户"的方式发展生产，陆续投资成锋家庭农场、大化荣上生猪养殖场、龙桃专业种植合作社等扶贫产业示范基地，村集体经济终于实现零的突破。在此之后4年的脱贫攻坚总攻期内，颁桃村按照同样的合作方式，建立蔬菜、猪、鸡、牛、桑蚕等种养基地，并在县城购买了商铺用于出租。依托挂靠经营，村集体经济收入实现从2016年的0元，到2017年

---

① 徐晓菁编著《女职工工作相关法律法规汇编》，中国妇女出版社，2021，第30—31页。

的 4.51 万元，再到 2018 年的 5.6 万元。2019 年，颁桃村将委托经营、出租场地、投入扶贫养殖场等集体经济发展途径结合推进，村集体经济收入达 9.88 万元。村集体经济发展方式逐渐丰富多元，实现收入连年增长。

颁桃村对集体资产采取承包、租赁、股份制等形式进行开发利用，盘活资产，壮大集体经济实力。村子缺少勇于先行先试的人，颁桃村就发动村党支部的党员带头，通过建立产业示范基地、"联建联养"扶贫车间多种模式，采取"党建+能人+贫困户"的运营模式，形成由村党组织引领、致富能人带动、贫困农户参与的"联建联养"。村民合作社将扶贫车间整体发包给村内致富能人，能人带动贫困户参与经营。在经营过程中，带头能人（固定管理员 1 人）负责全程管理并获得工资报酬，参与的贫困户根据用工量的需求参与轮值管养，服从带头能人的安排和指挥，与带头能人签订帮扶协议，接受协议的约束。经营全过程接受村民监督小组和全村群众的监督。

随着村集体经济的发展壮大，颁桃村民合作社逐渐正常运转，建立了经济发展项目库，队伍管理、资金管理、项目管理制度也不断完善。2019 年根据相关法律和政策规定，颁桃村经济合作社对自身的设立程序和条件、终止条件、生产经营方式和目的、财产处分、管理职能等方面以制度的形式明确下来。现金流水账本、注册登记、合同协议、人员配备等事项被一一搬上日程。成立村民议事会，通过民主议事制度对重大事项进行民主决策，加强项目和财务的管理制度建设和监督制度建设，集体资产管理不断强化。

（五）事业性组织及其职能

颁桃村里的事业性组织主要有小学、卫生室和图书室。

颁桃村小学坐落在村口。根据校内碑记①，该小学是来自上海的艺术家张洹先生捐资20万元援建的，因此学校又名张洹希望小学。学校于2006年12月开工，2007年6月30日竣工，占地约8867平方米，建筑面积1142平方米，建有教学楼两栋，均为二层混凝土结构建筑，另有一排平房用作教师宿舍。校园内配备有篮球场、羽毛球场、排球场各一个，另有三张乒乓球桌。颁桃村小学可容纳400名学生就读，2016年以前设有1—6年级，每个年级开设1～2个班。从2016年开始，该小学入读学生人数逐年减少。2019年该校六年级学生转到乡中心小学上学，学校各年级的班数也开始减少。2022年全校学生总共只有11人，学校从完小变成了教学点，校舍大量空出，后腾出两栋教学楼中的一栋作为村幼儿园教学场所。

颁桃村卫生室设在小学校门右侧。卫生室约80平方米，内有候诊房、诊疗室、药房等，有村医1名。由于颁桃村卫生室距离共和乡卫生院只有2公里，平时到该卫生室看病的人并不多。不过，颁桃村卫生室里也备齐了常用的药物和诊疗仪器。

颁桃村还有一间图书室，设在颁桃村公共服务中心一楼，由村干部轮流值班负责日常运转。图书室内有上级拨款购置、村中购买和社会各界赠送的图书1500余册，以理论读物、农业科技读物、各国文学、儿童读物等几大类为主，最受欢迎的是农业科技读物和新闻报纸。

在颁桃村的各类社会组织中，村"两委"是组织建设的重点，也是落实各项工作任务的主要抓手。一般而言，村党组织承接乡镇党委下达的任务，村民委员会承接乡镇政府交办的工作，其他社会

---

① 该"爱心碑记"为2007年9月10日大化瑶族自治县人民政府立于颁桃村小学内教学楼外墙，现该教学楼已被幼儿园征用。

组织则在村"两委"的指导下开展工作。在现实操作层面，往往一名村干部要承担多个自治组织的工作。除了上文已经提到的村党支部书记和村民委员会主任"一肩挑"，村党支部的委员也是不仅要做其所在片区党支部的工作，还要做村委会的工作，有的还得负责群团组织、经济组织和事业性组织的工作。各自治组织之间人员重叠，形成了你中有我、我中有你的复杂关系，是农村组织的突出特征。

颁桃村通过村民自治组织行使自治权，自主地发展本地区的经济、文化建设，巩固和发展平等互助、团结合作、共同繁荣的社会主义民族关系。"官有公法，民有私约"，颁桃村的自治由"四议两公开"制度保障村级事务的民主决策过程。"四议"是指村党支部委员会提议、村"两委"会商议、党员大会审议、村民代表会议或村民会议决议；"两公开"是对决议和实施结果进行公开。村务监督委员会对大小村务的落实情况进行监督，推动完善村民自治机制。细究而论，颁桃村全体村民会议之前，还有屯级议事会和村民小组长会议（村民代表会议）。颁桃30个村民小组均设有屯级议事会，一般由屯小组长组织召集，通过会议对国家大政方针、时事要闻等事项进行宣传，对村屯的经济社会发展及其他与群众切身利益相关的事项进行商议。颁桃30个村民小组的小组长组成村民小组长会议，村里的大小事务均通过会议商定。全体村民会议因为组织难度大，仅在处理一些重大的村务工作时才会组织召开，比如选举村民委员会成员、讨论村集体经济发展路子、土地确权登记等。

二、国家治村力量的深入

颁桃村所在区域先秦时期属于百越之地，在秦始皇置岭南三郡后即正式被纳入中央王朝治理版图，隶属于桂林郡。汉高祖元年（前206年）至汉元鼎元年（前116年），该地区隶属于南越国，后归属郁林郡增食县地。唐代，颁桃村所在区域隶属于岭南西道邕州都督府羁縻思恩州，宋属广南西路邕州右江道羁縻思恩州。元代，颁桃村地块先后隶属于广西两江道宣慰司、广西行中书省田州路思恩土州地。明代王守仁平乱后，在思恩府分设九个土巡检司，颁桃村区域为定罗土巡检司辖地。清同治九年（1870年）撤定罗土巡检司，其地并入那马土巡检司，升为那马厅。1912年那马厅改置为那马县，颁桃村区域仍隶属之。1951年那马、隆山合并为马山县，颁桃村区域隶属马山县永州乡。1964年龙颁、龙桃两个大队合并，各取一字设颁桃大队。1965—1968年改为颁桃公社，1969年复称颁桃大队，1984年改称颁桃村公所，1988年3月30日被划入大化瑶族自治县，隶属于共和乡。1995年村改委，颁桃村民委员会成立，村部从龙桃屯迁至龙颁屯。

　　而在现代以前，国家治理桂西北山村的措施主要通过军事治理以维护区域的内属，通过行政方面的怀柔政策以推进国家治理的深化，还通过土流官员的任免以维护区域社会的稳定发展。在桂西北地区发现的碑刻中，对传统国家区域治理政策多有反映。例如：《大宋平蛮碑》《元·李震孙广西道平蛮记》《宋·沙世坚镇压茆难莫文察等反抗碑记》等碑刻[1]反映的大规模军事治理行动；在行政措施方面，不仅有《南丹土州改县建署碑》等碑刻[2]记载的行政机构设

---

[1]　广西民族研究所编《广西少数民族地区石刻碑文集》，广西人民出版社，1982，第137、142、161页。

[2]　广西民族研究所编《广西少数民族地区石刻碑文集》，广西人民出版社，1982，第181页。

置，也有《广西布政司禁州县官吏丁役需索碑》等碑刻[1]反映的对地方遭遇旱涝灾害、战争等进行赋税蠲免等抚慰政策，《禁卖官田碑文》等碑刻[2]反映的发展经济举措，《创建经正书院碑记》等碑刻[3]反映的推行文化及道德教育措施；等等。这些碑刻基本涉及地方治理的各个方面。而在职官选任方面，自秦始皇始派屠睢、任嚣、赵佗等官员驻守岭南以来，历代中央政府均在该区域派驻官员，并逐渐从军政大权集于一身向职责分工细化发展。唐代当地守官还是"居常则委经略之权，有事则付节制之任"[4]，到了宋代则有"知州、权州、监州、知县、知洞，其次有同发遣、权发遣之属"[5]，而明代进一步按少数民族人口数量决定土流官员的选派"郡邑民夷相半者，流官治之；概为夷者，土官治之，大抵夷皆羁縻之尔"[6]。而对于偏远的桂西北地区来说，土官的选任则是唐以来重要的国家官僚体系延伸边陲的方式，唐代的南选、宋代的定拟均属于委任当地士人为官。例如，广西著名的《六合坚固大宅颂碑》和《智城碑》两块唐碑的作者韦敬办，作为深受汉文化熏陶的壮族文人，出任"岭南大首领、鹅州都云县令、骑都尉、四品子"和"廖州大首领、左玉钤卫金谷府长上左果毅都尉、员外置上骑都尉、检校廖州刺史"[7]。其中，"岭南大首领"在唐代官制中并无设置，是韦敬办的

---

① 广西民族研究所编《广西少数民族地区石刻碑文集》，广西人民出版社，1982，第187页。

② 平果县志编纂委员会编《平果县志》，广西人民出版社，1996，第743页。

③ 田东县志编纂委员会编《田东县志》，广西人民出版社，1998，第893页。

④ 董诰等编《全唐文》卷八十三，中华书局，1983，第868页。

⑤ 范成大：《桂海虞衡志》，中华书局，2002，第134页。

⑥ 林富修、黄佐纂《广西通志·广西旧志序》，嘉靖十年刻本，第4页。

⑦ 广西民族研究所编《广西少数民族地区石刻碑文集》，广西人民出版社，1982，第1—2页。

自称，而"鹣州都云县令""骑都尉""四品子"则均是唐王朝无实职的散官、勋官，可见上林在当时是羁縻州县。而在实行土司制度的元明清三代，桂西北地区涌现出诸多著名土官，例如颁桃所在区域的思恩府岑氏土司。这些国家经略措施在桂西北虽然执行程度和收效参差不齐，但是却为推进国家治村力量的深入积累了丰富的历史经验。

中华人民共和国成立以来，国家逐步加强了对桂西北山村的依法治理。如今，国家宪法已然成为颁桃等山村社会生活、发展生产的根本遵循和保障。同时，因为颁桃等山村是广西的少数民族自治县的村庄，要遵守广西壮族自治区制定的地方性法规，以及大化瑶族自治县制定的自治条例和单行条例。

颁桃村的法治工作是由乡镇派出所管辖颁桃村片区的民警、县法院派驻法官和村干部一起推进的。三者通常一起联合开展乡村普法教育，共同保障农村社会的和谐稳定。

乡镇派出所主要负责包括颁桃在内的辖区社会治安综合治理。其日常工作包括广泛摸底、排查颁桃村中潜在的治安威胁，防范各类事故的发生，处理违法犯罪案件，同犯罪分子作斗争，维护公共秩序、保卫群众安全，保障人民合法权益不受侵犯。在脱贫攻坚时期，乡镇派出所的几位民警也承担了颁桃村贫困户结对帮扶任务。除此之外，近年来，派出所联合县法院、颁桃村"两委"集中开展对颁桃村的扫黑除恶专项斗争，重点整治"村霸"和宗族恶势力。

法院是国家司法、审判机关，通过审判活动惩治犯罪分子，解决社会矛盾和纠纷，维护公平正义。自从2019年5月大化瑶族自治县人民法院实施"一村一法官"联系制度以来，大化各行政村（社区）均有法官入驻联系，人民法院职能延伸至农村。2019年5月7

日，颁桃村"一村一法官"活动启动，成立了驻村法官工作室，主要工作是服务乡村法治建设。具体而言，一是开展农村普法工作，提升村级法律法规宣传教育水平，提高农村干部和群众依法办事的能力。二是实施多元化纠纷解决机制，调解村民纠纷事件，排查和化解社会矛盾，促进社会和谐稳定。三是深入村屯摸排涉黑恶势力线索，依法严惩黑恶痞霸犯罪，推动农村治理现代化。

负有人民调解和治安保卫职责的村民委员会干部是乡村法治工作的重要抓手，承担着政策法律宣传员、矛盾纠纷化解员、扫黑除恶联络员等工作。他们通过进村入户和各类大小会议开展普法宣传，组织召开村民纠纷调解会及时处理村民纠纷。他们熟悉村情、摸排方便，能及时、准确地整理黑恶势力线索，协助公安机关和司法机关推进乡村依法治理。在自身建设方面，村干部有"小微权力清单"的约束，防止发生优亲厚友、暗箱操作、损害群众利益等不作为、乱作为问题。对农村党员有党风廉政建设的要求。村级党务村务均实行公开制度，特别是"三重一大"方面，履职全过程接受群众监督，认真听取村民的意见、建议和批评，及时处理群众反映强烈的问题，并形成处理意见向上级部门和群众反馈。法治对村屯日常运转的保障是国家治村力量延伸至行政村乃至每一个村民的具体表现。

除此以外，乡镇党委政府会为每个行政村配置一支包村工作队，一般由1名乡镇党委政府领导班子成员担任挂村领导，1名干部担任包村工作队队长，另外再配备2~3名队员。这支队伍主要负责将党委政府颁布的政策进行入村宣讲甚至入户宣传普及，并对村务工作进行现场指导和督促落实。同时，现在还在延续精准扶贫工作开展以来的做法——为每个行政村配备了一支驻村工作队。颁桃村的驻村工作队一般由1名驻村第一书记和2名驻村工作队员组成，人员从各级机关企事业单位的在职在编职工中选派，负责推动脱贫攻坚、乡村振兴和基层组织建设。第一书记驻村后，村党组织书记职责不变，负责村党组织的日常工作和具体事务。第一书记作为第一责任人，对村里工作总揽但不包揽，重点负责组织研究制定和督促落实本村脱贫攻坚、乡村振兴规划计划，协调争取项目资金，监督项目建设和资金使用管理，指导抓好村"两委"班子和党员干部队伍建设。

三、德治力量的更新

德治是通过伦理教化和约定俗成的行为规范来调解人与人之间、人与社会之间的关系，"主要通过教育和社会舆论的力量，使人们逐渐形成一定的信念、习惯、传统而发生作用"[1]。德治是我国传统的社会治理力量，孔子即倡导以道与礼引导、约束、规范人们的行为："道之以政，齐之以刑，民免而无耻。道之以德，齐之以礼，有耻且格。"[2]乡村是由情感维系的熟人社会，包括伦理道德、乡土人情、村规民约、风俗习惯等社会规范是农村治理的重要力量。在桂西北地区发现的碑刻中，含有诸多此类内容，例如《立禁约条》《板干河义渡序》[3]等，民国《那马县志》还记录了同乡父老在三圣庙前共同制定通过的"乡约会序"[4]的内容。

---

① 梁海峰：《法治与德治理论研究》，燕山大学出版社，2022，第124页。
② 孔子：《论语》，北方文艺出版社，2019，第11页。
③ 田林县地方志编纂委员会编《田林县志》，广西人民出版社，1996，第905—906、919页。
④ 原那马县志修志局编《那马县志草略》，《马山县志》办公室，1984，第11页。

颁桃村德治的基础和核心是孝治。孝是德之本[1]，《尔雅》以"善父母为孝"[2]。颁桃人重孝道也突出体现为善待父母甚至所有年长者。这种善待不止于物质层面上的奉养，还包括精神层面的敬爱与尊重。特别是实现全面小康以来，颁桃的孝治也从赡养到追求善养。颁桃村里除了少量孤寡老人，年老者几乎都是和儿女一起生活。在龙颁等村屯还有无儿无女的老人被近亲属接到家中照顾的案例。颁桃人也重视提高父母的精神生活品质，常见年轻人在闲暇时与老人围坐在一起谈心、闲聊，或带动他们跳广场舞，并通过电视、手机等让老年人收看各类节目以丰富他们的精神生活。颁桃村的孝治还表现为与行孝有关的节日都过得很隆重。过去每逢"三月三"、端午节、中元节等祭祀性的节日，或者春节、中秋节、重阳节等团聚的节日，颁桃人无论离家多远都要回乡过节。近些年，人们将出嫁女儿回娘家过节纳入庙会等重大节庆，并设置有感恩孝老环节。此外，颁桃村的孝治还包含让过世的老人走得体面、重视扫墓等风俗习惯。

颁桃人把对父母的敬爱之情延伸到师长、配偶、手足、邻里、同事、孩童等人员范围，形成以孝为隐形制度基础的德治体系。德治主要依靠日常的家庭教育、节庆等场合的家族集体教育以及学校教育等维系和传承，氤氲而成崇尚知识和人才、和睦友爱、爱护儿童等朴素的村风民风。可见，伦理规范在完善颁桃人的品格、规范家庭伦理、推动乡风文明等方面发挥着重要的作用。在颁桃，有孝心、爱心的人往往在村中赢得人们的尊重，拥有好的口碑，人际关

---

① 赵萍主编《孝经》，吉林大学出版社，2010，第3页。
② 郭璞校注《尔雅》，浙江古籍出版社，2011，第26页。

系和谐，在村里的重要场合发言有分量。因此，人们普遍重视、爱惜名声，无论是个人成长、经营家庭还是打拼事业都追求好声誉。颁桃村中还曾有慈孝名声特别好的家庭被乡镇妇联提名参加"五好家庭""星级文明户"等评选活动，在村里起到榜样示范作用。

随着时代的发展，传统的农村德治力量也在不断自我调适以适应乡村现代化发展趋势。2012年11月，党的十八大报告正式提出了"富强、民主、文明、和谐，自由、平等、公正、法治，爱国、敬业、诚信、友善"的社会主义核心价值观[①]，对颁桃等广大乡村的德治体系进行了完善和升级。社会主义核心价值观凝聚了全体人民的共同价值，"覆盖社会道德生活的各个领域，是公民必须恪守的基本道德准则，也是评价公民道德行为选择的基本价值标准"[②]。2017年10月，党的十九大报告要求坚持社会主义核心价值体系，为人民提供精神指引。2022年10月，党的二十大报告再次强调要广泛践行社会主义核心价值观，"坚持依法治国和以德治国相结合，把社会主义核心价值观融入法治建设、融入社会发展、融入日常生活"。颁桃村在认真学习和践行社会主义核心价值观的同时，将之与优秀传统德治相结合，以移风易俗为抓手，推进乡风文明。颁桃村通过修订村规民约，批判地继承传统文化习俗，倡导喜事新办、丧事简办、勤俭节约的社会主义新风尚。同时，红白理事会、村民议事会、道德评议会等村民自治组织积极发挥作用，负责推动、监督颁桃人生礼俗标准的执行。

经由颁桃村民代表大会通过，2023年9月26日起实行的颁桃村

---

① 《十八大报告学习辅导百问》，党建读物出版社，2012，第28页。
② 刘玉瑛、赵长芬、王文军编著《读懂新征程200关键词》，中国民主法制出版社，2023，第165页。

婚丧喜庆事宜村规民约对所倡导的新风俗进行了浅白而详细的约定："1.弘扬勤俭节约的传统美德。自觉破除大操大办、厚葬薄养、人情攀比等陈规陋习，倡导婚事新办、丧事简办、其他喜庆事宜不办的文明新风尚。2.提倡婚礼新办。结婚彩礼原则上最高不超过5万元，不哄抬'天价'彩礼（聘礼）和嫁妆，亲戚以外人员随贺礼最高不超过200元，宴请招待最高不超过30桌（每桌按10人计），办酒席不超过1天。反对组织豪华车队、选择豪华酒店、上高档菜肴和烟酒，反对低俗闹洞房等行为，提倡举办集体婚礼、家庭婚礼、旅行婚礼等有纪念意义的婚礼。3.提倡丧事简办。丧葬活动严格按照《广西壮族自治区殡葬管理条例》进行，一般控制在3天以内，不违规摆酒设宴、收受亲戚以外人员礼金。反对在公共场所（除有关部门指定的专用场所）乱搭灵堂灵棚、乱放哀乐鞭炮、搞封建迷信等扰民行为，提倡简化仪式、限制规模、文明节俭的治丧方式；反对乱埋乱葬、修活人墓、超标准建墓立碑，提倡遗体火化、节地生态安葬。4.提倡其他喜庆事宜不办。除婚丧以外的其他喜庆事宜，原则上不办酒席。确需办酒席庆贺的，提倡仅邀请亲戚俭办聚会，不收受亲戚以外人员的贺礼，也不参加他人举办的其他喜庆事宜或赠送贺礼。反对把人情与金钱画等号，提倡健康文明的人际交往方式。5.实行操办婚礼前、操办丧事后报告制度。婚礼在操办前10个工作日应向村红白理事会报告，说明操办事宜、时间、地点、邀请人数及范围的情况，承诺遵守相关约定，并于事后10个工作日内报告遵守情况。丧事在操办前半个工作日应向红白理事会报告，应于事后10个工作日内报告实际情况。红白理事会每月向村党组织报告情况，并在村务公开栏进行公示。6.发挥党员干部先锋模范作用。村党员干部带头践行和遵守婚事新办、丧事简办、其他喜庆事宜不办的规定，教育引导自己的家人、亲戚和身边人员落实村规民约，使文明节俭操办婚丧喜庆事宜蔚然成风。7.成立村红白理事会。明确'宣传、引导、监督、服务'职能，制定婚丧事项操办流程，通过党员、村民代表大会民主选举，把德高望重的退休教师等党员干部推选为理事会成员，发挥红白理事会在婚丧喜庆事项中的重要作用。8.制定奖励惩戒处罚规则。村'两委'、村务监督委员会加强监督管理，对不良倾向和苗头性问题早发现、早提醒、早制止；对不遵守规定、不执行村规民约、造成不良影响的，在全村通报曝光，取消其文明家庭、先进事项等评选资格。党员干部顶风违纪违规的，移交纪检监察机关严肃处理。对先进事迹、模范典型大力宣传、通报表扬，激发正能量。"

颁桃村的党员干部最先行动，带头执行报备制度，抵制超标准、超规模的婚丧宴席和人情往来，并将执行的情况纳入农村基层党组织组织生活会党员评议内容。经过党员干部带头，各类村民自治组织推动，颁桃新时代文明风尚基本形成。现在，颁桃人都按约定的婚丧喜庆事宜随礼最高不超过200元/次，大大减轻了"人情债"压力。

四、多力共治的深化路径

颁桃的运转以自治为根本，以法治为前提，以德治为支撑。在新时代背景下，桂西北地区的村级自治组织干部均由所在乡镇参照差额拨款事业单位（财政补助事业单位）进行管理，自治组织逐渐走向制度化和规范化。而传统的德治也随着时代的发展而自我更新，道德规范的内容实现了从个人层面到社会层面和国家层面的跃升。这表明，在乡村治理上，国家力量和民间力量并非二元对立，而国家机关企事业单位派出的包村、驻村工作队，使"农村被纳入国家治理体系"这一表述实现了具象化。从颁桃村的治理力量来看，无论是自治、法治还是德治均少不了基层党组织。2012年12月，习近平总书记在河北省阜平县考察扶贫开发工作时指出："你们党支部和村委会的干部，生活在乡亲们中间，生产在乡亲们中间，整天同乡亲们打交道，党和政府的好政策能不能落到实处，你们的工作很关键。"基层党组织的普遍设立为各股治村力量形成合力共振奠定了坚实的基础。

（一）完善党对农村工作的全面领导

一是压实五级书记抓村治责任，提升党组织战斗堡垒的功能，通过贯彻落实"四下基层"制度，开展真实、深入的调查研究以妥善解决群众利益攸关的问题，并优化各类督查调研、检查考核，在确保取得实绩实效的基础上进行整合和简化，为基层干部减负松绑。二要强化以基层党建促村建。全面提升乡镇党委及其下辖各村党组织乡村治理现代化的能力，通过分批次、全覆盖的培训和轮训建强党的基层组织。加强基层党员干部队伍廉政建设，完善村务监督体系，深化基层治理领域不正之风和腐败问题专项整治。三是加强农村党组织对村级自治组织的领导。以提升农村党组织的组织力为重点，把全村党员凝聚到村级治理工作上来，带头引导群众提升自我管理、自我服务、自我教育、自我监督实效。

（二）加强村级自治组织队伍建设

一是完善各类村级自治组织机构。逐步减少各类组织中村干部的叠加使用，提高人岗匹配程度和治理水平，并通过议事协商目录制度、自治事项清单制度等途径缓解"上面千条线，下面一根针"的窘境。二是加强自治组织人才选育管用机制建设。在全村范围内广泛摸底储备人才，在实际工作中锤炼青年人才，通过引路、搭台、架梯、压担打造专兼结合、政治素质高、业务能力强的治村强兵。加强村级存量人才的教育培训，通过"走出去"与"引进来"相结合的方式，采用专家辅导、经验交流等形式，形成村民自治组织干部常态化轮训机制。在培训内容方面针对村干部的短板并结合实际工作需要，适当增加一些新技术、新技能的培训，诸如电脑软件、办公系统、智能手机APP的操作等课程。三是提高自治组织干部待遇，打造一支"不走的工作队"。注重物质待遇和精神待遇的同步提升，激发村干部的工作热情，增强乡村治理工作对年轻人的吸引力。

（三）整合国家治村力量

一是完善农村法治建设。党的二十大报告提出："建设覆盖城乡的现代公共法律服务体系，深入开展法治宣传教育，增强全民法治观念。推进多层次多领域依法治理，提升社会治理法治化水平。"以平安乡村建设为抓手，持续完善村民矛盾纠纷源头预防、排查预警、多元化解机制。常态化开展农村扫黑除恶工作，依法打击和整治"村霸"及黑恶势力，通过普法宣传不断提升农民的法律意识。二是完善包村、驻村工作机制。通过权力清单的方式理顺包村工作队、驻村工作队和村民自治组织的工作关系，明确各自职责分工，形成工作合力。进一步规范驻村、入村工作人员的选育管用制度，以提升国家对基层治理的实效，并完善权力约束和监督机制。三是加强工作的协同联动。通过联席会议制度，各方治村力量定期沟通联系，形成村级信息的共享、反馈、研判、评价和处置制度，不断提升国家对基层农村社区的治理效能。

（四）推动乡风文明

持续推进农村移风易俗，进一步解放农村群众的思想，通过疏堵结合、标本兼治的办法逐步清除封建迷信、"等靠要"等落后思想。一是抓住村中的"关键少数"——自治组织的干部带头移风易俗，引领时代文明风尚。充分利用党组织生活、村民会议等平台，结合乡村振兴重点工作开展产业培训、政策宣讲和思想教育，通过权力清单制、党员积分制等有效办法强化正向引导激励。二是发挥"一约四会"制度作用。通过党员及各自治组织的干部示范、带头执行村规民约，切实发挥道德评议会、红白理事会、村民议事会、禁赌禁毒会的作用，用社会主义新风尚取代旧式民风民俗中的沉重人情、大操大办等落后成分。三是大力开展村风、家风建设。通过开展村头广播、文艺演出、电影下乡、山歌民谣新编等方式，利用新旧媒体多渠道开阔村民眼界，弘扬积极向上的新时代文明风尚，潜移默化地让村民接受新思想。加强家风建设，从中华优秀传统文化中汲取修身齐家的养分，并与时俱进融入现代社会文明，不断提升公民道德品质。

后发展地区农村是国家治理体系的重要组成部分，也是基层治理现代化工作的重难点。近年来，参照乡镇党委政府内设组织架构建立健全农村群众自治组织体系是桂西北地区乡村振兴的工作内容之一。这些自治组织根据职能需求而设，在桂西北基层社会起着对上、对下抓好各类事项的具体落实的关键作用，是负责把国家各类政策送到群众手中的"最后一棒"。除了这些实体的村民自治组织，还有作为隐形秩序的德治力量在维系农村社区的运转。颁桃等桂西北山村是熟人社会，以"孝道"为核心的德治力量维持着山村生产生活的基本秩序，因此伦理道德在村级治理的历史上是颇为浓墨重彩的一笔。随着时代的发展，德治的内涵得以更新、外延得以扩大，通过践行社会主义核心价值观发挥出良好的教化功能，形成积极向上的村风民风。人们根据约定俗成的道德准则形成自我认知，内化价值评判，提升精神修养，展开人际交往。在山村治理中，作为显秩序的法治与作为隐秩序的德治互为表里，现代文明与中华优秀传统文化相结合迸发出强大的力量，共同推进基层治理体系和治理能力现代化建设。这表明，新时代的桂西北山村法治、自治、德治相辅相成、共同发力的局面正在形成。

第四章　颁桃村的人才引育

人才是农村发展的关键。瑞典经济学家冈纳·缪尔达尔通过对不发达国家的研究，分析了贫困与人口质量之间的恶性循环关系。他认为，贫困导致人们健康受损、教育水平低下，带来人口质量下降、劳动力素质不高、就业困难等问题。这进一步导致劳动生产力难以得到提高，生产效率低下，使产出增长停滞或下降，又进一步强化了贫困[①]。为打破这个闭环，我国实施了精准扶贫政策，完成全面小康任务目标后又实行乡村振兴战略。乡村兴不兴、如何兴，最终是要依靠人，尤其要靠人才，因此人才振兴是乡村振兴的关键。学界对人才振兴的研究已形成丰富的成果，主要聚焦于利用职业教育[②]、开放教育[③]

---

① 冈纳·缪尔达尔：《世界贫困的挑战：世界反贫困大纲》，顾朝阳等译，北京经济学院出版社，1991，第70—77页。

② 赵志强、禹雪：《新内生发展理论视域下职业教育赋能乡村人才振兴的逻辑与策略》，《中国人民大学教育学刊》2024年第2期。

③ 王磊：《开放教育赋能高素质乡村振兴人才培养的实践探索》，《继续教育研究》2024年第4期。

等对基层干部、新型职业农民①、乡村教师②等农村工作群体的职业技能培育。另有部分学者关注引才入村的乡村人才振兴方式，如专家人才服务基层③等。这些研究对农村的人才工作实践具有一定的理论指导意义。

桂西北山村在漫长的历史时期中，人才主要依靠内部选育。在山村治理方面有前述的酋长、寨老、峒官等人才；在治安方面，宋代时该区域即普遍设有与现代民兵组织功能相似的峒丁田子甲④；在民间技艺方面，既有擅长狩猎、农耕的人才，也有善于制造药箭、斑布等生产生活用品的能手，即"士农工商兵皆有"⑤。在桂西北地区历代方志列传中所见，该区域还曾出过诸多或为善乡里，或通岐黄之术，或擅长家庭教育等各类人才。而桂西北诸山村中尤以文艺方面的人才为盛，史料频频记载了当地音乐、舞蹈、歌咏人才之多："峒女于春秋时，布花果笙箫于名山，五丝刺同心结，百纽鸳鸯囊。选峒中之少好者，伴峒官之女，名曰天姬队。余则三三五五，采芳拾翠于山椒水湄，歌唱为乐。男亦三五群歌而赴之。相得、则唱和竟日，解衣结带，相赠以去。春歌正月初一、三月初三，秋歌中秋节。三月之歌，曰浪花歌。"⑥

改革开放以来桂西北山村成为人才净流出的区域，但这不等于

---

① 张军：《培育新型职业农民引领乡村振兴路径研究》，《中文科技期刊数据库（文摘版）社会科学》2024年第3期。

② 赵莹：《乡村人才振兴背景下乡村教师的专业成长路径》，《继续教育研究》2024年第5期。

③ 吕建春：《乡村振兴视域下专家服务基层的内在逻辑和优化路径》，《河北经贸大学学报（综合版）》2024年第1期。

④ 周去非：《岭外代答》，上海远东出版社，1996，第72—73页。

⑤ 原那马县志修志局编《那马县志草略》，《马山县志》办公室，1984，第7页。

⑥ 邝露：《赤雅》，商务印书馆，1936，第7页。

该区域已经人才饱和。事实上，桂西北范围内的大多数后发展村落，无论是在过去的脱贫攻坚阶段，还是在现在的乡村振兴阶段，人才缺口都是客观存在且巨大的，大量空巢村、空心村乃至无人村等的出现即是明证。留不住人才的乡村在人才竞争的时代必然处于发展劣势，不仅会导致大量农村耕地闲置，经济发展缓慢，还会出现文化凋敝、法治难行等问题，甚至成为社会治理的痼疾。随着全面小康的实现，桂西北地区山村均实现了吃穿不愁，住房稳固且越来越漂亮，道路也四通八达，互联网进一步缩小了城乡生活水平差距，加之人居环境舒适度、便捷度、满意度的提升，在客观上为乡村人才"筑巢固巢"提供了良好的条件，有望以此为契机进一步打造宜居宜业的新农村。桂西北地区山村基本上采取通过国民教育体系培养本土人才和积极引导城市人才资源流向农村的方式实现乡村人才振兴。颁桃村作为其中的一员，人才引育工作已经步入正轨，通过对颁桃村的人才引育工作的研究，可以探究桂西北地区后发展村落相关工作的进展、困境及未来路径。

一、内育外引的人才工作进展

颁桃村是桂西北地区后发展农村之一，留守村庄的人以儿童、妇女和老人为主，支撑乡村建设和治理的主力是中老年人以及政策引流入村的少许短期驻村工作的人才。近些年，颁桃村通过控辍保学、大中专院校和短期教育培训，初步打开了内育为主、外引为辅的人才工作格局。

(一) 教育保障与人才内育

教育是颁桃人才成长的摇篮。过去, 颁桃人读书从小学开始要交学杂费, 很多青少年因家里交不起这笔费用而辍学。在2018年开展的一项针对颁桃全员文化程度的调研结果显示, 有几个80后也不识字。广西从2006年春季学期开始, 对全区农村义务教育阶段中小学生全部免除学杂费, 颁桃村因该政策的落实大大提高了义务教育的普及率, 如今学龄儿童均能入学接受义务教育。除了免学杂费, 根据《广西农村义务教育阶段家庭经济困难寄宿生生活补助费管理办法》中民族自治县实行寄宿生生活补助全覆盖的规定, 颁桃村的义务教育阶段寄宿生均可获得伙食费补助。其中, 小学生每人每天补助4元, 初中生每人每天补助5元, 按在校250天每年计算, 小学生每人每年补助1000元, 初中生每人每年补助1250元, 补助直接发放至学生本人银行储蓄卡。此外, 根据农村义务教育学生营养改善计划补助办法, 颁桃村里的小学和初中学生每人每年还有780元的营养补助, 通过学校直接供餐的方式发放。义务教育是我国教育事业的基石, 而后发展地区的义务教育关系到我国教育的公平和总体发展水平。抓好后发展地区的义务教育, 控辍保学, 是阻断贫困代际传递的重要途径。脱贫攻坚战打响之后, 国家加大了对贫困地区义务教育的保障力度, 义务教育工作精准到户到人, 颁桃村7~16岁青少年儿童入学率基本能达到100%。颁桃人的教育支出主要花在幼儿园、高中和大中专教育阶段, 部分家庭还会花钱送孩子去学习各种艺术类或体育类才艺。

颁桃家庭基本上都会将3~6岁的学龄前儿童送到村内或者共和乡街上的幼儿园, 每学期费用2000元左右。颁桃建档立卡贫困户家庭的小朋友如果需要读幼儿园，家长通过向就读的幼儿园提交《广西学前教育免除保教费资助申请表》及相关的贫困证明材料后，可以得到自治区本级财政给予的每生每年1500元的保教费补助。如果实际缴纳的保教费超出1500元，就读公办幼儿园由幼儿园所在市、县级财政补助差额部分；就读民办幼儿园则由家庭自支差额部分。如今，无论家庭贫富，颁桃村的3~6岁小朋友基本都会到幼儿园接受学前教育。

高中、中专及以上的教育花费是大额支出，除了学费，还有住宿、伙食等开支。高中（在大化县城就读）一年的费用在5000元左右；大中专的费用视专业和所在城市的开销而定，每年几千元至数万元。得益于广西施行的《关于对就读普通高中的库区移民子女和在国家扶贫开发工作重点县就读的普通高中学生实施免除学费的通知》《关于做好建档立卡贫困户子女学生资助项目组织实施工作的通知》《自治区教育厅关于开展2018年普通高校家庭经济困难新生入学资助项目的通知》等一系列教育扶持政策，颁桃村高等教育毛入学率也大为提高。

颁桃位于国家扶贫开发工作重点县，对就读公办普通高中的学生全部免除学杂费（包括学费、住宿费和自治区教育厅规定的教材费），就读民办普通高中的学生参照公办普通高中免除学杂费的标准享受补助，就读中等职业学校的家庭经济困难学生也可以申请免除学杂费。就读普通高中的家庭经济困难学生可以申请国家助学金资助，根据家庭经济困难情况分类补助，其中一等国家助学金为每人每年3500元，二等国家助学金为每人每年1000元。就读中等职业学校一、二年级的颁桃村学生全部纳入国家助学金资助范围，资助标准为每人每年2000元；二年级及以上品学兼优的在校学生还可以申请广西壮族自治区人民政府奖学金，资助标准为每人每年2000元。

在本专科阶段，家庭经济困难的新生入学时根据录取院校的所在区域和距离远近获得一次性路费补助，区内院校录取的补助500元，区外院校录取的补助1000元。建档立卡贫困户子女全部纳入国家助学金政策覆盖范围，其中一等国家助学金为每人每年补助4000元，二等国家助学金为每人每年补助2000元。品学兼优的学生还可以参评国家奖学金（每人每年8000元）、国家励志奖学金（每人每年5000元）和广西壮族自治区人民政府奖学金（每人每年5000元）。此外，全日制普通预科生、本专科学生及全日制研究生可以申请办理未毕业前由财政贴息、毕业后自行支付贷款利息的助学贷款，申请的贷款额度每年不低于1000元，全日制普通预科生、本专科学生不超过8000元，全日制研究生不超过12000元，贷款年限最长不超过20年。应征入伍义务服兵役及退役后自愿复学的高等学校学生和毕业当年自愿到区内基层单位就业、服务3年及以上的高校毕业生享受学费补偿及国家助学贷款补偿政策，资助标准为本专科生每人每年最高不超过8000元，研究生每人每年最高不超过12000元。

脱贫攻坚期间，颁桃村里2016年以来接受职业学历教育、普通高校本科学历教育和参加技能培训的建档立卡贫困户，还能得到雨露计划专项补助。其中，接受职业学历教育的每人每学期补助1500元，接受普通高校本科学历教育的每人一次性补助5000元，参加扶贫巾帼励志班的女学生每人每学期补助2000元①。

① 大化瑶族自治县教育局：《大化瑶族自治县教育局关于印发2019年学生资助政策宣传月活动实施方案的通知》，大化瑶族自治县人民政府官网，http://www.gx-dh.gov.cn/xxgk/zfwj/bmwj/t896190.shtml。

以上政策的推行，保障了颁桃人接受教育的权利，在客观上提高了颁桃村人口的平均文化知识水平，增加了高等教育人口的数量，促进了颁桃人才的内生式发展。颁桃村现有的村干部、致富能手、务工经商创业人员等本土存量的治村人才和产业人才，也通过短期职业技术培训、实地田野考察学习交流等方式"充电"，得以提升乡村振兴工作水平。基层干部队伍以"张口能说、提笔能写、动手能做"的高水平高要求，培养了一批勤入户的"钻家"和搞产业的行家，乡村振兴工作能力得到了一定的提升。

（二）政策引导与人才入村

颁桃村为数不多的外来人才是通过政策引导入村的。

一是国家各级党政机关企事业单位长期派驻到村的人才，包括包村工作队、驻村工作队、驻村法官、结对帮扶人等。他们按文件要求在颁桃工作数月至数年。包村工作队一般由乡镇党政领导班子成员带队，2~3名乡镇干部为工作队员（人数以行政村大小而定）。他们熟悉乡镇工作情况，也熟悉所负责的行政村情况，主要对全村开展政策宣传解读，并在具体的村务工作过程中予以指导，是乡村振兴方略落地生效的关键。驻村工作队由从广西全区机关企事业单位选派到村的工作人员组成，一般有1名驻村第一书记和1~3名驻村工作队员（人数根据行政村实际工作需要而定）。他们在对村情民情进行调研的基础上，协调各方面的资源进入农村，推动乡村振兴。驻村法官由县法院派驻，一般有3名成员。他们主要负责化解村内矛盾纠纷，通过提升诉源治理效能，推进法治建设。结对帮扶是精准扶贫以来实施的一项引才入村到户措施，从全区机关企事业单位中挑选党员干部与贫困村困难群众实行结对帮扶，将颁桃村的脱贫攻坚任务以户、以个人为单位进行拆解，分到任务的干部则根据结对帮扶对象的实际情况给予帮助，有的结对帮扶关系已经持续了数年。除此之外，各级党委政府部门还不定期派人到颁桃村，对人居环境整治、移民搬迁、核桃养护及产业发展等开展专项指导、调研、督查、巡视，也属于政策引导人才入村工作。

二是村级公益性事业发展政策引导的短期入村服务人才，包括产业技术指导人员、文化下乡工作人员、社工志愿者、医疗工作者等。这类人才以任务目标为导向，人岗匹配度高，缺点是在村工作时间较短。产业技术指导人员主要是高校科研院所的专家学者，他们由地方党委政府组织到村对农户进行短期培训，并在田间地头实地开展生产技术专项指导，例如蔬菜种植、桑蚕养殖和七百弄鸡养殖等。文化下乡工作人员主要由文旅部门、文联、文化企业等派出，他们负责到村开展文艺演出活动。颁桃村每年均有数场电影下乡、戏剧下乡、文艺晚会下乡等公益文化展演活动。社工志愿者主要由粤桂协作对口帮扶的深圳宝安区街道社区派出，他们常到颁桃村开展健康讲座、关爱留守儿童、帮助孤寡老人等公益活动。医疗工作者主要由县、乡卫生院派出，他们负责到村开展上门诊疗、体检和健康知识普及宣传等服务工作。

三是国家向农村地区倾斜的创业就业优惠政策吸引入村的人才，包括基础设施建设、产业发展和村级治理等方面的人才。基础设施建设人才主要通过国家财政转移支付支持后发展地区农村开展道路交通、灌溉水利、防洪排涝、电网、通信网络、自来水等工程项目进村就业，工作时长依具体工程而定。产业发展人才主要被国家在后发展地区的项目倾斜、资金投入和税收优惠等政策吸引到村工作，颁桃村的这类人才主要集中在种养业。村级治理人才主要是受"三支一扶"、大学生村官、西部计划等政策吸引到村工作，服务时间为2~3年，颁桃村得到这类人才的机会很少。此外，在颁桃村被列入国家"十三五"时期二类贫困村期间，创业政策支持吸引了部分外出务工的青年人才回流，他们眼界较为开阔，富有行动力，加之土生土长对乡村情况熟悉，在本村干事创业有一定的优势，村中有几处产业园是他们创办的。

颁桃村通过内育与外引相结合的方式，在乡村产业发展、组织建设、生态治理、文化保护和传承等方面均集聚了一定数量的人才，在人才振兴方面初步取得了一些成效。颁桃村的人才工作中，本土人才资源的挖掘是重中之重，初步建立了以企业家、大学生、退伍军人、退休教师等较高素质人员为对象的人才资源库，通过他们激发了乡村振兴的活力。同时，颁桃村通过国家政策引才，叠加利用项目、资金、专业技术和知识为自身发展服务，稍微弥补了乡村振兴工作中的人才缺口。

二、山村人才工作困境

颁桃村的人才分散在农、工、商、学、医、艺等领域，但优质人才和高层次人才到大城市定居就业依然是主流。不仅本土人才大量外流，引进人才也留不久、留不住，人才基础弱、人才总量少、人才结构不优成为颁桃村人才工作的短板。

（一）颁桃村义务教育存在的问题

颁桃村小学阶段的儿童有部分在村内的小学就读，大部分在共和中心小学和邻近几个村的小学就读，另有部分到父母外出务工地上学。初中阶段的青少年主要在大化县城各中学读书，仅少部分到父母外出务工地上学。颁桃村的义务教育在教育资源方面首先面临着师资力量结构性失衡的突出问题，教师数量"过剩"和某些科目缺教师的矛盾突出，师资力量配置结构失衡。以颁桃村小学2020年的情况为例，该校师生比为1∶10.375，远未达到国家1∶23的标准[①]，师资力量在客观上来说是充足的。然而，8名教师中仅有1名是汉语言文学专业毕业，其余7名均为小学教育专业，学校的音乐、美术、体育等"副科"的专职教师尤为紧缺。颁桃村很难招到并留住优秀的青年教师，8名教师中最年轻的47岁，大部分教师已经接近退休年龄，教师队伍老龄化严重。教师中掌握多媒体教学技术的不多，大部分还是采用传统的板书上课，学生在课堂上获得的信息量有限。在课程的设置方面，颁桃村小学的课程表上列有15门课，和共和中心小学相比少了英语课，也没有城市小学的电脑课以及各种才艺课。除了语文、数学两门所谓的"主科"课程，其余课程被统称为"副科"。由于"副科"由语文、数学老师兼课，有时候就会被征做他用。教师们在访谈中普遍认同"副科"和"主科"一样重要，但同时他们又认为村里的孩子如果不把语文和数学这两门主要考试科目学好，恐怕在"核心竞争力"上与县乡学生差距更大。

其次，颁桃村义务教育存在教学设施使用率低与配备不全问题。在颁桃村小学，多媒体设备、图书资源和体育器材的使用率均偏低。与此同时，学校没有科技室、实验室、电脑室等功能室，图书室和食堂的相应配套设施不齐全。我国早在2006年修订的《中华人民共和国义务教育法》里就提出了义务教育均衡发展，然而10多年来后

---

① 《国务院办公厅转发中央编办、教育部、财政部关于制定中小学教职工编制标准意见的通知》，中华人民共和国教育部网站，www. moe. edu. cn/jyb_xxgk/moe_1777/moe_1778/201001/t20100129_180778. html。

发展地区与先富起来的地区在师资力量、课程资源及硬件设施等方面的差距依然存在。教育资源的紧张不仅导致颁桃村教师工作量大增，而且拉大了城乡原本就存在的学生基础差距。此外，教师们常常身兼数职、忙忙碌碌，陷入教学质量和行政性工作难以两头兼顾的被动局面。

另外，家校配合度不高，家庭教育乏力的现象普遍存在。调查发现，2018年颁桃村小学在校生中留守儿童人数达到80%以上。其中，55.1%的小学生放学后由母亲督促完成功课，34.7%的学生由祖辈或其他人监护，另有少部分学生无人监护。通过家访发现，颁桃村大多数家庭由老人、妇女、儿童留守，部分甚至只有老人和小孩留守，很难落实家庭教育责任。部分留守妇女每天承担做家务、照顾老人小孩的衣食住行等任务，且自身文化程度偏低，无力辅导孩子完成作业和预习、复习功课。而多数老人表示不懂孙子孙女的教育之道，能管好孙辈的吃穿已经很不错了。部分家长或其他监护人对义务教育的基础性和先导性认识不足，不够关心孩子的学习。部分外出务工家庭随迁子女的教育问题也不容乐观。家庭教育的乏力加大了学校教育管理的负担，也直接影响到义务教育阶段学生学习习惯的养成和学习成绩的好坏。

在对颁桃小学生学习情况的调查中发现：在对待上学的态度上，67.9%的学生对能够上学感到开心，32.1%的学生表示一般；89.6%的学生认为读书有用，10.41%的学生认为读书没用或不知道读书有什么用。颁桃村的小学生大部分已经初步认识到读书有意义，这与部分学生对读书产生抵触情绪的现象并存。在2018年脱贫攻坚工作部署中，国家加大了对义务教育的保障力度，提出进一步聚焦深度贫困地区教育扶贫，用3年时间集中攻坚，确保深度贫困地区如期完成"发展教育脱贫一批"任务，实现建档立卡贫困人口教育基本公共服务全覆盖目标①。由于国家实行义务教育免费政策，因经济原因失学的可能性几乎为0，这些学生辍学的原因主要是自身厌学。而对学习方法的调查结果显示，51%的学生制定有学习计划，49%的学生没有或不会做学习计划；41%的学生会经常和同学一起学习、讨论。这表明，颁桃村大约有一半的小学生欠缺学习方法，超过60%的学生学习自觉性不高。而辍学生厌学的主要原因正是良好学习习惯和方法的缺失：他们在课堂跟不上教师讲课的节奏，课后又不主动向教师、同学求助；课后放在学习上的时间几乎没有，于是渐渐对读书感到吃力、恐惧和厌恶。义务教育阶段的问题波及中等教育和高等教育，导致出现了生源质量不优等一系列问题。

（二）分流与青少年的成长困境

义务教育阶段是学生思维训练、学习方法训练和学习态度引导的关键阶段，受上述局限性的影响，颁桃村考上普通高中的学生为数不多，大部分初中生毕业后面临两个选择：读职高或者去打工。过去，家长和学生很少有去职业技术学校读书的意识，到"社会大学"去打工是主流。这种风气之浓导致有部分厌学的初中学生甚至仅体验了短暂的初中校园生活就自行跑去投奔在外务工的亲戚，由亲戚介绍进厂打工。2018—2020年几乎每年都发生帮扶干部千里迢迢去工厂把初中辍学生劝返学校完成义务教育的案例。

2019年以来，职业教育的国家政策倾斜和招生宣传的力度都有

---

① 《教育部、国务院扶贫办关于印发〈深度贫困地区教育脱贫攻坚实施方案（2018—2020年）〉的通知》，中国政府网，https://www.gov.cn/xinwen/2018-02/27/content_5269090.htm。

所加强，因此就读学生数量有所增多。颁桃已有部分学生到职高学习汽修、电工、护理、计算机等职业技能。不过，分流到职高也面临诸多问题，诸如职高的管理和教育质量、学历的含金量、学生未来的发展前景等均是社会关注的热点问题。

考上普通高中的颁桃学生往往是在义务教育阶段位于学校中上游分数段的学生。对于颁桃学生而言，考上了高中并不等于人生赢家，毕竟读高中是为了考大学，他们面临着更多来自学业上的困境。对颁桃村的高中生进行随机抽样调查发现，他们到了高中之后能一如既往保持好成绩的并不多，除了少数学习天赋型选手，大部分学生都表示在高中课程上较为吃力，能明显地感觉到自己和城里的学生存在很大的差距，特别是在学习方法、知识面和个人才艺等方面。当然，大部分的颁桃高中生能通过不断学习、虚心请教、完善方法从而实现自我突破来排解或者转移这种压力。由于他们很早就明白读书对自己人生的意义，因此愿意吃读书的苦，甚至不认为读书苦。他们拥有顽强拼搏、耐心细心、乐观向上等很多优秀的品质，依靠坚强的意志在学习上付出更多甚至全部的时间和精力。这些内生动力支撑他们度过拼搏奋斗的高中时光，并以考上大学作为对青春烦恼的最佳回击。虽然目前来看，颁桃村的高中生中考上名校的不多，但对于后发展农村的孩子来说，他们能考上大学实属不易。

（三）短期实务培训的局限

除了教育系统化的人才培养之外，颁桃村还得到一些短期人才培训的机会。这类培训是根据乡村振兴实际工作需要和人才缺口情况，由县乡政府与高校科研院所合作组织举办的，主要为学员进行相关业务知识技能"充电",各行政村均分配有一定的名额,村里按要求派相关人员参加。尽管短期培训课程的内容和培训对象针对性很强,但学员获得的信息量多寡不均,人才培训效果参差不齐,很难检验人才培训成效。这些参加了培训的人才回村后基本不会全面向村民传播习得的新知识和技能,还有诸多需要这些知识和技能的人因名额有限没机会参加培训。

目前看来,短期职业培训在培养人才上的局限首先体现在培训对象方面。颁桃村能得到职业培训机会的群体主要是村干部、致富能人、村内创业就业者等。其实相比于上述群体,很多刚脱贫的群众更需要迅速掌握一技之长。其次,短期职业培训对人才培养的局限突出体现在偏重经济发展型人才和基层组织建设人才等方面,而对于乡土文化艺术类、民间技艺类等方面的人才未能及时挖掘和进行培养。

(四) 人才引进工作困难重重

颁桃村尚未形成人才引进工作机制,在引才、留才、用才等方面均有诸多难题。首先,引才入村制度尚未建立,对人才的吸纳能力不足,新村民、返乡创业者、农业经理人、农民合作企业等入村工作者在村发挥才干的空间不大。颁桃村目前的营商环境和人居环境对人才入村兴业、定居的吸引力不大,公共服务配置不均衡,义务教育、基本医疗、养老、综合性文化服务等公共服务短板明显;收益分配制度和多元投入机制均有待完善;垃圾、污水、厕所治理"三大革命"任重道远。

其次,村级产业聚人能力不足,就业岗位有限,无法解决村内优质劳动力的就近就业问题。经过精准扶贫阶段,颁桃村及方圆10

公里范围的乡镇开设了蔬菜种植、生猪养殖、核桃种植、桑蚕养殖等产业园。然而，它们提供的岗位职数不多，待遇远不如发达省份，不足以吸引青壮年劳动力回流。

三、人才振兴的深化路径

人才的问题最终还是要回归到人本身的发展才能解决。美国经济学家西奥多·W.舒尔茨（Theodore W. Schultz）曾提出过提升人口素质的方法：一是卫生保健设施和服务，概括地说包括影响人的预期寿命、体力和耐力、精力和活力的全部开支；二是在职培训，包括由商社组织的旧式学徒制；三是正规的初等、中等和高等教育；四是不是由商社组织的成人教育计划，特别是农业方面的校外学习计划；五是个人和家庭进行迁移以适应不断变化的就业机会[①]。这些观点得到学界的普遍认可，也被诸多发展中国家实践证明有效，对颁桃村的人才工作具有重要的启发意义。农村人才工作是系统性、长期性的工程，选育管用不仅要注重效率，也要注重培根启智。

（一）建立学校育才的多力共推机制

探索地方政府、学校、家庭等多力合推学校育人的机制。首先是地方政府结合自身职责，将国家对后发展地区、民族地区教育倾斜政策落到实处，推动义务教育均衡发展，努力缩小区域差距，加大对后发展地区乡村的转移支付力度，政策和资金多向脱贫村倾斜。采取激励措施，引导域内发达地区支援后发展地区的教育，缩小城

---

① 西奥多·W.舒尔茨：《人力资本投资——教育和研究的作用》，蒋斌等译，商务印书馆，1990，第31页。

乡之间的校际差距。对于优秀青年教师缺口较大的后发展地区农村，通过定向委托等方式着力加强师范类学生定向培养[1]，配齐、配优后发展地区的师资力量。进一步完善教师培养制度，加大对乡村教师的培养，"提供到优秀学校观摩的机会，为其提供寒暑假进修深造机会，安排城市中小学优秀教师到农村学校示范指导"[2]，实行县（区）域内教师、校长交流制度。完善学校的软硬件设施，加快农村寄宿制学校建设，优先满足留守儿童的住宿需求。切实履行领导监管责任，监督教育经费落到实处，并实现专款专用。建立督学制度，确保艺术课程、素质课程顺利落地，并将之作为学校教学考核评估指标之一。此外，政府要高度重视留守儿童群体，认真贯彻落实义务教育政策和膳宿补贴政策，做好控辍保学工作，及时采取措施对辍学生进行劝返，并做好家长和监护人的思想教育工作。

其次是农村学校要建立教师定期学习制度，运用好网上教育平台的教育资源，每周至少集中学习一次，学习内容应包括教师职业技能和职业道德等方面。积极向上级部门争取人才引进政策和资金，设立讲学专项资金，专门用于邀请名师来后发展地区的学校讲示范课。逐步引进素质科目、艺术课程的专业教师，"采取政策倾斜保障非传统科目教师"[3]享有与语文、数学教师平等的地位和权利，配齐教师队伍。加强与师范院校的合作，争取与高校合作建设师范生教育实习基地，为学校注入活力、活水，留住优秀实习教师，打造

---

①　赵琴：《广西农村义务教育师资的现状与补充机制探究》，《广西民族师范学院学报》2017年第5期。

②　赵琴：《广西农村义务教育学校教师补充现状与问题探究》，《广西民族师范学院学报》2016年第1期。

③　洪柳：《教育均衡发展视阈下广西农村义务教育课程实施现状、问题与对策》，《广西师范大学学报（哲学社会科学版）》2014年第4期。

一支年轻的后备队伍。对于留守儿童群体，学校要组织教师以班为单位，做好摸底调查工作，根据学生的不同情况制定个性化学习帮助方案。建立校—村、校—家联系制度，通过党支部联建、家长会等平台合力抓好育人育才工作。

作为急需大量人才的农村，应在营造人才安居兴业的环境和氛围上下功夫。一是要做好水、电、路等基础设施建设及乡村美化、绿化、亮化工作，达到宜居宜业的效果，为引进青年教师、产业人才、文化人才等做足筑巢引凤的功课。二是要营造良好的营商环境，积极招商引资并引导村民合作社等经济形式的发展，创造更多优质就业岗位，进一步解决村民就近就业问题，引导农村青壮年劳动力回流，降低留守儿童率，提高家校互动率。三是进一步解放人民群众的思想。通过山歌、墙绘、微信群等人们喜闻乐见的方式加强对教育的宣传动员，潜移默化地让家长和学生了解教育的重要性。加大根除"等靠要"不良风气的力度，在全村范围内大力开展家风建设，弘扬勤奋好学、尊师重教的村风民风。积极宣传就业政策，让村民充分了解、把握工作机遇，加强对村民的职业技能培训，丰富职业选择。针对外出务工人员学历不高、技能不足、择业面窄的问题，开展农产品深加工、传统特色手工艺品制作等职业技能培训，扩大就近就业的队伍。此外，积极参与留守儿童保护、关爱工作，为留守儿童的健康成长营造文明和谐的社会风尚。

作为孩子的第一课堂，家庭教育在人才培育中的作用至关重要。农村家庭一是要增强教育主体责任意识，不断提升家庭教育水平。家长通过家委会、"父母课堂"等线上线下途径参加家庭教育培训，达到自我成长、了解孩子成长规律和科学教育孩子的目的。二是要厚植家风，严格家教。从中华优秀传统文化中汲取家庭建设养分，以新时代文明滋养家庭风气，营造崇尚科学、尊重知识、大胆创新的家庭人才培育氛围。三是要建立家校互动的教育机制。在厘清家校双方育人权力边界的基础上，深化家校合作。建立家校联系制度（特别是中小学阶段），在严守适龄儿童少年接受义务教育底线的前提下，推动家庭教育和学校教育的同向发力，形成共同推动青少年成长成才的良性互动。家校互动在传统的家访和家长会等方式基础上，增加电话、QQ群、微信群等家校网络沟通方式，建设多途径、跨时空、实时化、高效率的家校有效互动平台。

（二）以他山之石为人才引进破局

传统的人才工作机制包括选才、引才、聚才、留才、育才、用才各个环节的政策措施，特别是在人才落户、人才安居、创新创业岗位设置等一系列问题上需要投入诸多人力物力，这对于后发展乡村来说其实是十分困难的。如今普遍流行的人岗分离、人编分离、互联网智库等人才利用模式为后发展地区农村人才振兴提供了新的路径，多地开始进行以项目和任务目标为核心的人才集聚、培养和流动机制探索。

在这一方面，位于西部地区的四川成都市郫都区农村的引才入乡进村工作模式或可为颁桃村提供经验。一是通过完善集体经济组织成员登记管理制度，探索农村新增人口集体经济组织成员身份权益保护办法；建立"共享田园·新村民"管理机制，有意愿且符合条件的人士可向村委会申请成为新村民；推进返乡创业，建设一批创客镇、创客村，引进创新创业团队或专业人才；为招纳紧缺人才下乡进村，该地区还实施了"新农人""新乡贤"计划、"艺术村"、农企合作、驻村大师等项目。二是通过不断提升乡村安逸度来吸引人才集聚、常驻。郫都实施社区微更新、公共服务设施"三年攻坚"等行动，改造提升老旧街巷院落，建设社区综合体和公共空间；通过"公园城市乡村表达"行动，开展垃圾、污水、厕所治理"三大革命"，完善路、水、电、气、信、防等城市基础设施"六网"建设，持续改善人居环境；通过人才兴业、定居激励政策，营造良好营商环境，打造宜居宜业新农村；开展乡村义务教育、基本医疗、养老、综合性文化服务等公共基础设施全覆盖建设，推动"乡贤共治"培育文明风尚，打击违法犯罪行为，消除封建迷信、邪教、黑恶势力。三是积极发挥产业聚人作用，壮大集体经济与引进企业并举，最大力度促进本地劳动力和外来优秀人才集聚创业就业。该地区通过完善集体经济发展机制，促进"共同共有"向"按股共有"转化；创新经营方式，探索"集体经济+"多种经营方式，打造一批集体经济收入超过70万元的村庄；推进成果共享，建立收益分配制度和多元投入机制，促进农民持续增收；投入建设唐昌战旗五村连片、望丛天府文化产业园和犀浦智慧科技城等一批示范区，有效破解城乡生产与生活的平衡问题。

而与广西相邻的劳动力集聚大省广东对人才自由双向流动机制的工作经验也有诸多值得颁桃村学习之处。特别是在推动优秀人才落户和回流乡村问题上，广东采取了"完善市民化配套政策"和"建立人才加入乡村激励机制"等措施。例如，广州片区逐步取消重点人群落户限制，清远片区全面取消城镇落户限制，探索试验区内居住证互认，政府、企业和个人共同分担市民化成本。符合条件的返乡就业创业人员可以在原籍地或就业创业地落户，申领乡村振兴人才卡并合理享有村民权益；在城市工作的科教文卫、法律、管理等人才到试验区内下乡，可居住在农村人才公寓，其服务经历可作为职务晋升、职称评定等的重要依据。

（三）建立村校互动机制打造线上线下终身学习平台

首先，乡村应结合自身发展需求主动探索与高校科研院所、开放教育机构及职业院校建立村校合作渠道，联合打造乡村振兴教育基地、田间课堂、农村学校、老年学校、农民夜校等线下学习场域。在做好人才储量评估的基础上，建立本土存量人才数据库、分类人才数据库和储备人才数据库，根据村民各年龄阶段及不同职业发展的需求形成学习需求清单，再由终身教育合作机构根据清单制定教学内容与教学方式，打造教育优质资源与村落、村民零距离的终身学习平台。例如四川战旗村与清华大学、四川大学等高校的科研院所合作成立了乡村振兴培训学院，对本土存量人才进行培养，精细化培训新型职业农民、乡村干部、科技人才、乡土人才等乡村振兴实用人才和高素质人才。

其次，村校合作数字化赋能村民素质提升。深化"互联网+教育"模式，利用村级远程教育设施设备、微信、QQ、抖音、腾讯会议等终端推动网络教学和网络培训村级全覆盖，打造人人能学、时时处处可学的便捷式学习平台。充分利用社会网络教育资源和文化教育部门的公开课、精品课资源，促进城市科教文卫体等优质教育资源进村入户服务。例如，广西防城港市以广电固边工程建设为抓手实施的全民共享文化普及服务模式，利用"一村一屏""一校一屏"系统以及"空中课堂"线上服务，上传非遗视频教学、才艺微课、全民艺术普及资源库等数字化资源，颇受民间文艺爱好者欢迎。

最后，建设产学研用协同创新平台，强化终身学习成果的转化应用，以增强终身学习的可持续发展动力。探索"村+校+企"合作路径，共同搭建实践基地或实习平台等协同育人平台，进一步促进产、学、研、用的融合。通过协同育人平台助推人才成长和人才队伍建设，着力培养以乡村振兴实际需求为导向、以知识和技术突破为特色的实用人才。同时，通过这一平台促使科学文化服务乡村振兴，也为高校科研院所提供成果转化落地生效的契机，另外也为企业实现创新增效提供动力。

乡村人才振兴是为补齐农村人才发展短板而提出的针对性政策。桂西北山村在人才内育和人才引进两大方面均得到了党和国家的大力支持和诸多政策倾斜。然而，作为后发展地区的农村，桂西北山村中像颁桃村这样面临就业岗位供应不足、职业发展空间狭窄、收入待遇较低、社会认同度不高等人才振兴瓶颈问题的村落还有很多。它们不仅需要来自党和国家持续的人才政策倾斜支持和政策引导，也需要不断巩固拓展脱贫攻坚成果、提升基层治理效能，从提高对人才的吸引力上下功夫，不断更新人才工作理念，跟上新时代人才工作的新技术和新思想发展形势，有效推动乡村人才振兴工作的提质增效。

第五章　颁桃村的经济

　　长期以来，一直都是我国农村的生产要素流向城市，而城市流向农村的要素资源却很少[1]，加之城乡公共资源配置失衡，导致农村发展落后于城市。城乡发展不平衡、农村发展不充分已成为我国社会矛盾的突出表现，农村建设成为全面建设社会主义现代化强国最艰巨的任务所在。农为立国之本，本固才能国安，习近平总书记在2022年中央农村工作会议上强调："要破除妨碍城乡要素平等交换、双向流动的制度壁垒，促进发展要素、各类服务更多下乡，率先在县域内破除城乡二元结构。"[2]缩小城乡发展水平差距和居民生活水平差距，构建城乡和谐共生共荣新发展格局，是实现中国式现代化的题中之义。

　　通过劳动力转移实现增收是桂西北山村自改革开放以来经济发展的重要途径，劳务收入目前依然是这些村落里大多数家庭的主要经济来源。在脱贫攻坚和乡村振兴政策的持续推动下，桂西北山村

　　① 杜艮之：《大数据与城乡融合发展》，吉林人民出版社，2020，第3页。
　　② 《锚定建设农业强国目标　切实抓好农业农村工作》，《光明日报》2022年12月25日第1版。

与更大的市场实现"破壁",各行各业都得到了发展。传统的农业、小手工业等行业不断与新的生产方式相结合,通过积极的现代转型获得旺盛的生命力。颁桃村是桂西北山村中一二三产业发展变化与新型城乡互动关系密切相关的村落之一,通过梳理颁桃村经济的变迁,分析其发展趋势,可为桂西北地区后发展农村产业振兴提供参考。

一、一二三产业的发展

颁桃村整体经济水平不高,经济基础较为薄弱,是国家"十三五"时期的二类贫困村。颁桃村传统的经济生产形式是山地农业。受制于交通运输条件,颁桃村在历史时期农产品商品化程度偏低:"地皆高山,而所产乃辎重,欲运致之,不可肩荷,则为大囊贮物,以皮为大带挽之于额,而负之于背,虽大木石亦负于背。"[1]有限的耕地资源和单一的经济来源导致颁桃村长期处于贫困之中。改革开放以来,颁桃村一批青壮年劳动力结伴外出务工或就近打零工贴补家用,劳务收入取代农业收入成为家庭的主要经济来源。近些年来,第二和第三产业逐步兴起,颁桃村发展了粉丝加工业、建筑业、商业、餐饮服务业等经济形式,经济活动种类大为丰富,扩展了增收渠道。得益于党和政府长期以来在财政资金、用地指标、就业等方面的政策倾斜,以及住房保障、教育扶贫、健康扶贫、产业扶贫、就业扶贫、基础设施、村集体经济、兜底保障八大攻坚工程的推进,颁桃村经济发展条件大为改善,各类产业相继进入"自我造血期"。

---

① 周去非:《岭外代答校注》,杨武泉校注,中华书局,1999,第119页。

(一) 农业

农业是桂西北人民的传统生业。宋代文献即有当地少数民族农作制度的记载:"瑶人耕山为生,以粟、豆、芋魁充粮。其稻田无几。"[1]清代文人笔记中有对当地农耕民族印象的记载:"男妇专事耕种,无别生活。"[2]清代时,颁桃村所在区域已普遍种植山禾、包谷、穇子、芋头、大茹、香茹、瓜菜之属,四季农事繁忙:春耕、夏耨、秋收三季,"皆披星而出,戴月而入,不暇安息。冬季,则上山割草烧灰屯肥料,或种冬禾冬麦,诚所谓终岁劳动,无有已时"[3]。如今,颁桃人以种植玉米、木薯、红薯等旱地作物为大宗,水稻、杂粮杂豆、果类为辅,另有少量畜牧业和渔业,农闲时还上山狩猎、下河捕鱼。农村工作进入脱贫攻坚阶段以后,适宜丘陵山地作业的农业机械大量引入推广,颁桃村的农业生产方式逐步向规模化、机械化、集约化、数字化方向发展。

1.粮食种植产业

颁桃村仅有两条地表小河流,雨水少的季节它们还会断流。万幸这里地下水资源丰富,为人畜饮水和灌溉提供了水源。颁桃的2853.43亩耕地之中80%以上是旱地,分布在山坳和山坡。土壤土层较薄,多为裸岩石砾地,土质以红黄壤为主。颁桃村人均耕地面积仅1亩左右,而且旱地多、水田少,半山腰小地块多、平整土地面积少。周去非在《岭外代答》中描述南宋时广西农业耕作情况时

---

① 周去非:《岭外代答校注》,杨武泉校注,中华书局,1999,第119页。

② 顾炎武:《天下郡国利病书·广西二》,清光绪五年桐华书屋刻本,卷一六〇。

③ 原那马县志修志局编《那马县志草略》,《马山县志》办公室,1984,第7页。

称："其耕也，仅取破块，不复深易，乃就田点种，更不移秧。既种之后，旱不求水，涝不疏决，既无粪壤，又不耔耘，一任于天。既获，则束手坐食以卒岁。"①这也是颁桃村等桂西北山村传统农耕的方式，"火耕水耨，畲畬不粪，力田外不知末务"②。颁桃村的粮食种植产业以玉米、水稻和杂粮杂豆为大宗。

玉米。颁桃村的山峁里种满了玉米，这是村里最大宗的农作物。学界普遍认为，玉米在清中后期传入颁桃村所在的桂西北地区，到民国时已成为当地主要的粮食作物。颁桃人无论家里有多少耕地都要种玉米，耕地多的种上二三十亩，少的也要种个一亩半亩。玉米一般每年种植两造：春玉米在1—2月种下，端午前后收获；秋玉米在7—8月种下，11—12月采收。玉米在生长季主要依靠雨水灌溉，3月玉米苗长出来之后，洒农家肥、化肥2次，玉米就会疯狂长壮、长高，很快山野间就绿油油的一片，看不见黄色的土壤了。5月，玉米须就长出来了。6月知了叫得热闹的时候，玉米就可以采收。收完之后紧接着就进行下一造的耕种。近年来颁桃村推广沼气池，人们把玉米秆扔进沼气池里，产生沼气之后再捞出做肥料，还有村民直接将玉米秆砍下，堆放在地垄间做肥料。

水稻。颁桃村的水田比较少，500余亩的水田地块全部分布在群山之间。由于颁桃村的水热条件并不能达到一年三熟，因此人们大多选择种一造水稻搭配一造玉米，或者种两造水稻。只种一造水稻通常是6月底7月初插秧，9月底10月初收割；而种两造水稻则是清明前后插秧，7月中下旬收割一造，紧接着开展第二造耕作，

---

① 周去非：《岭外代答》，浙江古籍出版社，2015，第303页。
② 李文琰修、何天祥纂《庆远府志》卷一，乾隆十九年刻本，第24页。

10月底收割。颁桃人种水稻很是讲究，人们把谷种撒下去育秧后，趁着谷种发芽、分蘖的间隙尽快将水田平整好。过去，对于面积狭小的田，人们只能用踏犁、锄头进行人工翻地，大的地块则依靠水牛和犁、耙来翻地、平地。现在人们使用微型耕地机，大大减少了平整田地的人工和时间成本。在插秧之前，人们会用彩绳在田埂两头之间拉参照线，一对对参照线把田分为均匀的垄，方便以后除草、施肥等作业时使用。人们插秧时也会边劳作边对歌，田间一派热闹。人们通常把籼稻、糯稻套种在一片水田里，糯稻往往是种在边边角角的地方。经验丰富的老农人说，间种两种水稻的产量会比单种一种强。禾苗长得好不好，跟主人家勤快不勤快有很大的关系。有经验的老农可以把禾苗发芽、分蘖、抽穗、扬花、灌浆、成熟等各个生长阶段的时间精确到具体的日子，再安排什么时候除草，什么时候进行大水漫灌，什么时候施肥，什么时候打虫，什么时候放干田垄间的水，以及遇到病虫害该怎么处理等具体的农事工作。过去，到了水稻收获的季节，人们就会挑上箩筐，带上镰刀和打谷机等工具前去抢收。夏秋季节雨水多，不尽快收割的话稻穗很快就会发芽。现在有了微型收割机，水稻抢收得到了保障。收完之后还得紧锣密鼓地开展下一造的耕作，迟了水热条件不足，庄稼就长得不好。颁桃村的农田大部分都是一级农田，产出的籼稻米细长、雪白，糯稻饱满、喷香。只是受限于自然条件，总产量不多，自给尚且不足，很少出售。

杂粮杂豆。颁桃村常见的杂粮有红薯、木薯、芋头南瓜等，杂豆有黑豆、南瓜、绿豆、黄豆、花生等。红薯、芋头、木薯和南瓜过去是颁桃人民的救荒粮，一般被种植在门前屋后的菜地，其他杂粮杂豆多数套种在玉米地上。因为村里耕地有限，人们只能充分利用农作物之间的高差，将绿豆、黑豆、黄豆、南瓜等低矮作物种植在甘蔗或者玉米地里，仅少数人会专门辟出山间小地块来种植。近些年来，政府根据市场需求，出台了相应的奖补政策鼓励村民多种杂粮杂豆。特别是精准扶贫以来，政府将杂粮杂豆列为颁桃村"3+1"特色产业予以奖补鼓励，杂粮杂豆种植面积得到进一步扩大。黑豆是最受市场欢迎的杂豆之首，一到收获季节就有人上门收购，往往供不应求。过去，人们一般在种玉米时就随手将黑豆种植在玉米植株边上，随着玉米成熟，黑豆也在6月、12月收获。如今，颁桃村已有专事黑豆种植的大户。

2.桑蚕产业

中国传统农村的家庭经济分工是男耕女织，颁桃村所在的地区在民国时期已广泛种植桑、棉、麻等[1]。而今颁桃村棉花和苎麻已少见种植，只有桑树的种植面积在逐年扩大。在2010年左右，颁桃村种桑养蚕的经济效益超过其他农业类型。在脱贫攻坚政策的支持下，2019年，颁桃村桑园面积已经达到800余亩。颁桃人所种的桑苗有本地桑和浙江桑两类，价格0.02元/株至1.2元/株，依品质而定。桑苗批发商一般将桑苗扎成捆出售，每捆1000株。

12月收完玉米，农户开始翻耕土地，待下过大雨后即可扦插种植桑苗。到2月天气开始回暖，桑苗拔节长叶，需施肥料。有经验的种植户都会选择施农家肥，越多越好，这样土地肥力可以持续，但由于农家肥的堆肥、施用都很麻烦，而且被桑树吸收的速度不如化肥，所以大部分种植户为了赶早养第一茬春蚕基本都用化肥。倘

---

[1]　原那马县志修志局编《那马县志草略》，《马山县志》办公室，1984，第13—14页。

若3月雨水充足，到月底桑树就可以长出10多片叶子。

桑树长得快，蚕农们便在3月底开始养蚕，不过为保障桑叶供应一般会选择在4月初养殖第一茬蚕。蚕对生活环境洁净度要求较高，因此，蚕房的建设选址显得尤为重要，且温度、湿度要适宜，不可太冷、太热、太干燥、太潮湿。买幼蚕之前，蚕农还得对蚕房进行消毒，在蚕房四周撒上石灰。颁桃村的养蚕季是4—9月，正好是多雨的季节，4—5月忽冷忽热，6—9月气候炎热，因此有条件的蚕农往往在蚕房安装风扇以调节温、湿度。

颁桃村只有极少数人掌握蚕卵孵化技术，多数蚕农会到平果市旧城镇或者凤梧镇去订购幼蚕。他们早早与蚕苗商人约好时间，届时送货上门。幼蚕用竹匾盛着，每一匾幼蚕100元。人们养蚕按蚕卵张数来计算，少的养半张，多的养十几张。为了方便快捷，蚕农多数不采桑叶，而是将桑条齐根砍断，成捆成扎运输回家，再用机器切碎。

幼蚕又称蚁蚕，形似蚂蚁而身形略小，呈褐色，多细毛，长约2毫米，蚕农买回的幼蚕一般是已经孵化了10天左右的。为方便喂蚕，蚕农用木板将蚕房对半隔开，中间及四面墙下都用木板隔出空地作过道，除了过道，剩下的地方就是蚕生活的场所，蚕农将幼蚕平摊在消毒后的蚕房地板上。幼蚕孵化后2~3小时就开始吃蚕农切好的细嫩桑叶。

蚕吃桑叶的量极大，因此养蚕必须勤快才行，养殖数量多的还得请帮工。蚕在生长过程中需要睡眠4次，每次睡眠都会减少甚至不吃桑叶。每次睡醒后，蚕就会完成一次蜕皮，进入到一个新的龄期。第四、第五两个龄期的蚕虫吃桑叶非常多，且速度极快，夜里也得起来喂桑叶1~3次，静夜里蚕吃桑叶的声音像下雨一样沙沙作响。这个阶段的蚕长得极快，一天一个样，身体最长可达6~7厘米。第五龄末期，蚕开始成熟老化，食欲减退，胸腹呈透明状，身体缩短，头胸部昂起，左右上下摆动寻找结茧场所。蚕农就把早已准备好的竹编网格支架固定在离地面1厘米高处，或直接将竹编簇状笼子摆放在蚕房里，蚕便爬上去吐丝结茧。从买回幼蚕到结茧期间，如果天气突然变冷，蚕龄期会出现延长，一般养一批蚕需要16~25天。

蚕结茧一般需要3~4天才能完成，在这期间蚕农虽然不用去采摘桑叶了，但也丝毫不能放松，要时时关注蚕爬格结茧的情况。如果出现蚕不爬格子直接在桑条桑叶间结茧的情况，则说明搭架子太迟了。蚕没选好结茧的地方，会给后期采摘蚕茧带来诸多麻烦，蚕农只好等蚕结好茧后一边清理残叶蚕沙一边捡蚕茧，这样结出来的茧不如在架子上结的白净。有经验的蚕农拿手电筒一照蚕茧就知道蚕是否停止吐丝，因蚕吐丝的时间有先后，蚕农等大部分蚕吐完丝才开始采摘蚕茧。

颁桃村里熟练掌握蚕的生长周期的勤快蚕农一年最多可以养15批蚕，利用蚕的眠期进货养新蚕是他们比别家养的批次多的秘诀，4—6月每月可以养3批次，7—9月则每月养2批次，最后一批到9月底10月初收获。一般蚕农都租土地种桑，在蚕的第四、第五龄期还需请人割桑、喂蚕，人工费平均80元/天。每次割了桑条后，要给桑园松土、除草、追肥，卖了蚕茧之后就要对蚕房进行消毒，这些工作都是辛苦且必要的。

蚕茧保存时间只有7天左右，之后茧里的蚕蛹就破茧而出成为蚕蛾。为赶上卖蚕茧的好时候，采摘蚕茧时全家老少齐上阵，隔壁邻居都来帮忙。养得少的一次能收获几十斤蚕茧，养得多的能收得几千斤。颁桃村尚未有人掌握抽丝剥茧技术，因此采收蚕茧之后即需要找市场出售，主要销往平果市及其下辖的凤梧等乡镇。蚕茧价格受市场影响波动较大，一般春蚕价格稍高一点，夏蚕次之，秋蚕又次之。2018年颁桃全村出产蚕茧约16万斤，总收入约400万元，扣除人工、化肥等成本之后，蚕农户均增收约3万元。2019年颁桃全村出产蚕茧总计约20万斤，受价格下降影响，增产不增收，收益与2018年基本持平。

3.糖料蔗产业

广西出产糖，崇左市有"中国糖都"的美称。虽然大化瑶族自治县的糖产量不能和崇左市下辖的县相比，但在县南1.5公里处也有广西糖业集团有限公司旗下的一个分公司，名叫广西糖业集团达华制糖有限公司（简称"达华制糖"）。它成立于2013年1月，拥有一条日榨4000吨甘蔗的生产线，出产"秀河"牌一级白砂糖和赤砂糖。这些糖的制作原料就是从大化瑶族自治县周边村庄运来的，颁桃村即是达华制糖的原料供应地之一。颁桃村有100亩糖料蔗种植保护区，而全村种植糖料蔗30亩以上的农户就有5户，其余种植规模稍微小一些的农户有10余户。全村糖料蔗种植面积300余亩，年出产糖料蔗约1500吨，糖料蔗成为村级主要经济作物之一。

每年初春是颁桃村种植糖料蔗的季节，2—3月人们把砍下的甘蔗首尾留作蔗种，趁着雨季扦插到松软的泥土里。颁桃村种植的糖料蔗品种以桂糖42号为常见，一次种下可以留宿根长2年。随着地气日暖，糖料蔗长出新芽，蔗农忙着除草、施肥。种糖料蔗相对种其他农作物来说较容易，只要雨水、阳光充足，当年的收成就不会差。12月至次年1月，颁桃村到处是砍收糖料蔗的忙碌景象。

糖料蔗收割尚未实现机械化，全靠人力一棵棵砍下、捆扎，一个熟练的砍蔗人一天可以抢收1～2吨。蔗农为了赶上榨季，必须请人帮工，工资一般计件，80～120元/吨。砍甘蔗是一件体力活，工作从早到晚争分夺秒，相当辛苦，所以蔗农们都倾向于找自己熟悉的、信得过的勤快人。糖料蔗一年只能收获一次，砍蔗人也十分珍惜工作机会，尽力多挣点钱贴补家用，也争取能在下一年继续被请去砍蔗。砍下来的糖料蔗扎成捆，以便计件称重及运输。砍蔗工人在领到日结工资前，还需要把糖料蔗集中到蔗农事先请来的大卡车边上，以便装车送到糖厂。

2018/2019年榨季糖料蔗收购价格与往年一样采取挂钩联动、二次结算的管理方式。新榨季糖料蔗收购首付价490元/吨，当一级白砂糖含税销售价格超过6660元/吨时，启动挂钩联动措施，联动系数6%。对比2017/2018年榨季，2018/2019榨季糖料蔗收购价格下调10元/吨，糖蔗联动价格每吨下调了120元，其他基本不变。

部分蔗农表示，2018年度种植糖料蔗的成本比往年稍高，尤其是化肥和人工都有所增加，但收购价却低于2017年，他们的生产积极性受到了很大打击。相比之下，2018年上半年蚕茧价格稍高，蚕农的经济收益远远高于蔗农，于是部分蔗农想要改去种桑养蚕。然而，受国际市场影响，自2018年下半年开始，蚕茧价格也一路走低，2019年最好的春蚕茧价格仅23元/斤。而2018/2019年榨季糖料蔗最终结算价为520元/吨，与2017/2018年榨季相同，留住了大部分蔗农。到2019年12月，糖料蔗种植大户又发愁了，2019/2020榨季已至，但砍蔗工人难请。砍蔗熟工们表示，种植户开价100块/吨都要考虑一下，因为这年糖料蔗生长期天气较干旱，砍一天都未必能有一吨。2018年就宣称种蔗亏本要改变投资方向的糖料蔗种植大户，再度纷纷表示要改行。然而，受新冠疫情影响，3年内糖料蔗价格持续走高，2023/2024榨季糖料蔗收购首付价格优良品种为540元/吨、普通品种为510元/吨、淘汰品种为390元/吨。当白砂糖价格超过6300元/吨时，启动二次联动价，糖价每增加100元联动系数按6%加价给蔗农（不含淘汰品种），糖料蔗种植户的热情又重新燃起。

颁桃村出产的糖料蔗皮黄、茎粗、秆直，去掉首尾约有1.7米。有村民不顾其质硬，砍去黄绿表层即当果蔗吃。可能跟甜度高有关，糖料蔗成为颁桃村老人小孩都爱吃的食品，村民往往也将之作为亲友之间走动的伴手礼品。

4.畜牧养殖

颁桃村里几乎家家都养鸡、鸭，有些还养猪、牛、羊、狗等。其中，颁桃村的七百弄鸡、猪和牛养殖被列入"3+1"特色产业奖补目录，政府对养鸡50羽及以上、猪2头及以上、牛1头及以上的群众予以一次性奖补。由于政策的导向，颁桃村这三类产业发展规模逐年增大。

在颁桃人的家禽家畜养殖中，最为普遍的是养鸭，因为鸭子相对于其他几类来说养殖期较短。颁桃村河道不多，人们养的多是旱鸭子，种类有麻鸭、绿头鸭、家鸭等。养鸭用玉米、青菜喂食，一般认为要养7个月以上才可以出栏。颁桃人认为鸭子养得越久肉越好吃，因此村里养了一年半载的鸭子也不少。颁桃人也常养鸡，种类有七百弄鸡、土鸡、三黄鸡等。颁桃人养鸡一般自行育苗或到共和街上购买鸡苗。脱贫攻坚期间，颁桃村选定七百弄鸡为村级"3+1"特色产业之一，饲养七百弄鸡成为潮流。七百弄鸡和本地鸡的区别在外观上就能看出来——前者羽毛上有斑点，且一般经过脱瘟处理，养肥较快。人们养鸡一般用玉米、青菜喂食，平时散放户外，夜里收回圈舍。家庭散养的鸡数量有限，以老鸡为贵，鸡基本养殖8个月甚至1年以上，多数自产自销，只在节日或者有重要客人来才会杀来吃。农民合作社和2019年成立的扶贫车间饲养的七百弄鸡是对外销售的，同样以玉米、青菜、米糠等为饲，一般养殖半年左右即可出栏。颁桃人养殖的猪有大白猪、黑猪、香猪等。作为村级"3+1"特色产业之一，颁桃村生猪养殖近些年规模扩大了几十倍。颁桃村几乎家家户户都养猪，养殖10头猪以上的家庭有20多户，村民合作社里的猪存栏超过2000头。颁桃人一般用玉米粉和青菜熬猪食喂猪，近些年也有用猪饲料的。牛是颁桃村传统养殖品类，使用动力机械代替牛耕以后，养牛的人家大幅度减少，仅有的养殖户基本都是养黄牛（肉牛）。为了鼓励人们养牛，政府出台了养牛高额奖补政策，并鼓励扶贫车间组织群众集中养牛。颁桃村养牛户一般白天放牛到山上吃草，晚上将牛赶回圈里。扶贫车间养牛则以圈养为主，一般用牧草饲养。

5.现代农业产业园

自从2014年进入脱贫攻坚以来，颁桃村先后成立了广西大化成锋家庭农场、广西大化荣上生态养殖场、共和乡种养循环农业示范基地、龙桃种植专业合作社等产业实体，主要产业包括生猪养殖、七百弄鸡养殖、蔬菜种植、水果种植等。

共和乡种养循环农业示范基地建立于2014年，位于颁桃村局生屯，距乡人民政府驻地约2公里，由村中的致富带头人创建，成立注册有广西大化成锋家庭农场和广西大化荣上生态养殖场两个企业。基地从附近村屯群众手中流转承包400多亩土地发展种养业，主要产业有生猪养殖、土鸡养殖、大棚蔬菜种植、粉丝加工和桑蚕种养。

它采用"公司+合作社+基地+贫困农户"的产业开发扶贫模式，通过政府扶持、公司带动、合作社管理、贫困农户参与的方式，发展循环高效特色种养业。农业生产设施由政府投入的产业扶持资金建设，建成后，政府以"产业托管"的形式将整体设施委托合作社进行运营管理，然后从收益中给予贫困户分红。基地实行种养结合，建有1个中型生猪养殖场、1个七百弄鸡养殖场、1个大型沼气池、1间水肥配送房、1个育苗大棚、77个蔬菜生产大棚、1间蔬菜初加工库房、1个淀粉及旱藕粉丝加工厂房、1个腊制品加工厂、1个榨油厂、1个大米加工厂、1间100平方米的冷冻库、1间农产品储存配送房等。基地年产生猪6000头、七百弄鸡1万羽、蔬菜50万斤、腊肉腊肠10万斤、红皮花生油超过20万斤、旱藕粉丝50万吨、红薯粉丝30万吨、大米加工300吨，年产值达3000万元。其出产的豇豆、黄瓜、苦瓜、芥蓝、辣椒等5个农产品于2017年10月获得农业部农产品"绿色食品认证"，树立了自己的品牌并推向市场，取得显著经济效益。

龙桃种植专业合作社建立于2015年，位于颁桃村龙桃屯，距乡人民政府驻地约4公里，由返乡创业青年创立。合作社从附近村屯群众手中流转承包400多亩土地发展种养业，主要产业有核桃种植、毛桃种植、山葡萄种植、砂糖橘种植、山葡萄酒加工和桑蚕种养。它主要立足颁桃山地资源，通过能人带动、合作社管理、贫困农户参与的方式，发展山间林业种植。通过对植物高差和光照的科学化利用，采取在核桃树下种植山葡萄、毛桃及在砂糖橘树下养殖七百弄鸡（七百弄鸡粪肥养护果树）的方法，建立起产业链相对完整、科学的养地与用地结合的生态系统。合作社通过带动贫困户挂靠经营，申请扶贫贷款100万元发展山葡萄和核桃种植产业，按3年每年融资每万元给予800元农户分红，每户最高可分到4000元红利。随着蚕茧价格的走俏，为了尽快回流资金、减小投资风险，合作社还承包了180余亩土地发展种桑养蚕产业，建有3000平方米蚕房，2018年养蚕6批次，每批15张，均获得成功，收益初显。

　　为发展和壮大村级集体经济，推动产业发展，带动贫困农户稳定增收，颁桃村民代表大会经商议，决定在颁桃村龙荣屯建设一个七百弄鸡"联建联养"扶贫车间，车间属于颁桃村集体资产。为了保障扶贫车间的顺利运营，村"两委"成立了专门的领导机构，协调保险机构为车间所有鸡苗办理相关保险，协调解决车间运营中遇到的各种困难和问题，做好防疫、培训等各项工作。车间由村民委员会代表村集体整体发包给村内能人并带动20户贫困户参与经营。运营经费主要由贫困户的产业奖补资金和能人的入股本金组成，其中贫困户的产业奖补资金主要用于购买鸡苗及部分鸡饲料，能人入股本金用于七百弄鸡养殖日常管理的其他支出。在经营过程中，能人负责全程管理并获得工资报酬，工资标准为1800元/月。参与的贫困户根据用工量的实际需求参与轮值管理，服从能人的安排和指挥，与能人签订帮扶协议，接受协议的约束。车间整个经营的全过程都要接受村民监督小组和全村群众的监督。该扶贫车间于2019年3月底前全部建设完工，4月20日左右开始第一批七百弄鸡养殖，年均养殖七百弄鸡2个批次，每批次3000只左右。车间经营期限为10年。其间，贫困户的股份份额与所获得的奖补金额成正比，脱贫户按1个份额计算，共20个份额；轮值安排根据用工需求确定，原则上每一养殖轮次安排32个轮值日，轮值期间每出勤1天按60元计劳动报酬。

　　这些新的经济实体正逐步与新的经济发展模式相匹配，除了大额订单配送、客户上门收购之外，新的物流、新的交易模式也逐步开展，淘宝、微店、天猫商城、京东商城等均相继进驻村中。

(二) 工业

过去，颁桃村是个基本能够自给自足的小区域，有些无法自行生产制造的生产生活必需品在附近的几个圩集也能购买得到。颁桃人自己纺纱染布、制砖造瓦、建房架桥，制作各类家用农用器具，并进行酿酒等食品加工。在民国县志中，颁桃村所在区域即有农工、木工、石工、泥工等工种的记录①。改革开放以来，颁桃村第二产业逐渐兴起，特别是脱贫攻坚以后，在政策的扶持下，规模化的食品生产加工和建筑等行业得到了飞速的发展。

1.食品加工

近些年，颁桃村里的农副产品加工业逐渐兴盛，给了乡亲们更多的就业选择。颁桃村里的农副产品加工业种类繁多，但几乎都采用家庭作坊的生产方式，规模都比较小。

玉米加工。颁桃人将外壳枯黄的老玉米采收晒干脱粒，得到最简单的玉米加工产品干玉米粒，在留足自家食用的数量后，剩下的就拿到圩集出售。有条件的人家则会进一步把玉米粒进行加工，打磨成玉米面再出售，利润比干玉米粒多。玉米粒一般用作鸡、鸭、猪等家禽家畜的饲料，玉米面则一般用来做玉米糊、玉米饼之类的食品。颁桃人对玉米的深加工是酿造成玉米酒，这项技术村里几乎家家户户都会，有几户人家酿造出来的玉米酒在共和圩集还小有名气，因此村里有多处玉米酒坊。

---

① 原那马县志修志局编《那马县志草略》，《马山县志》办公室，1984，第7页。

　　旱藕粉加工。桂西北地区的石山环境生长着很多食用美人蕉（即旱藕），颁桃村里也是如此。人们把它的块根洗净，加水打磨成浆，清洗过滤后把干净的藕浆隔水蒸熟变成透明的胶状，再经过晒干、切丝的工序后就成了旱藕粉丝。它的制作工序基本与米粉相同，而旱藕的成品粉丝呈淡黄透明色，具有耐煮、质地柔软、富有弹性等特点。当地人普遍认为旱藕粉具有很高的营养价值，是走亲访友常用的礼品，也是待客佳品菜肴。2017年以来颁桃村建起了一个旱藕粉丝厂，带动村里的贫困户一起收购颁桃及周边村庄种植的食用美人蕉制作旱藕粉，旱藕粉丝年产量达到50万吨，逐步形成规模效应和品牌效应。

　　豆类作物加工。颁桃村最常见的豆类作物加工是黄豆和黑豆的加工，人们将之做成豆腐、豆花、豆浆、油豆腐和腐竹等食品出售，村里已经有好几家闻名于共和圩集的豆制品作坊。其次是花生的加工，人们将之送到榨油厂做成花生油，或者做成油炸花生、点心馅料等。

　　2.建筑业

　　建筑业是颁桃村青壮年劳动力就业最为集中的领域。颁桃村的建筑无论是传统民居还是现代楼房，无论是以前的泥土路、石桥还是庙宇、学校，都是村里人自己建的。颁桃村每个屯都有一支以上的建筑团队，每逢要修产业机耕路、水泥硬化路、桥梁等工程时，即从屯里选出懂行的人做监督，有时建筑施工缺人手还会就近择优从村里选拔人才。

　　建筑业也是颁桃人外出务工最为集中的行业，常常是以老乡带老乡的方式结伴搭伙组建建筑工程队。根据20世纪80年代第一批外出做建筑工的颁桃人回忆，村里的建筑工人一般到南宁及广东、海南、福建等地工作，大多从事房屋建设、架桥修路等工种。除了建筑工程以外，颁桃村还有几支专做房屋装修的队伍，他们对传统民居和现代风格的家居装修均有一定的经验。据在广东从事厨卫装修十余年的颁桃村民韦某介绍，他们一般是跟私人老板做工，由老板出面揽承装修工程，谈妥建材价格，他们负责做材料搬运、安装等工作。

建筑工人和装修工人的工作十分辛苦，且每天的劳动时间长达10小时左右，有的甚至需要上夜班，但他们都认为自己的工资收入并不算高，据计算，贫困户中外出打工者的平均工资仅为4000元/月。这些工作还具有一定的危险性，患上职业病或者受工伤的群众不少，在申请临时救助的群众之中，因在外打工受伤而导致生活来源断绝的就有5例。因此，虽然颁桃村很多人年轻的时候选择出去打工，但是过了45岁以后，身体条件往往已不能再从事这类靠力气吃饭的工作。如果这宝贵的20～40岁时间里，没能实现在城市里安家落户，他们只能回到村里来生活。受文化水平和专业技能的限制，他们大多会回归农业种植产业或者就近做点建筑及装修工作。

除此之外，颁桃村的生产生活器具制造也有一定的规模，尤其是竹具制造。颁桃村的山间河边到处生长着茂盛粗壮的竹子，人们把竹子砍下，再经过斧劈刀削将竹子变成大大小小的竹篾，用来编织竹箩、竹篮、竹匾、竹筛、竹筐、竹席、竹笠等。另外，还有几家铁匠铺，生产锄犁耙等农用器具和锅铲等生活器具。

（三）第三产业

随着生产生活条件的改善和物质生活的丰富，颁桃村的第三产业也逐渐发展起来，主要集中在商业和服务业两个方面。

1.商业

桂西北山村的商业贸易主要是通过圩市进行，过去主要是交易农用物资和农副产品，据清代方志记载："所需器皿什物，惟以布、棉、米、谷、豆、麻向墟市易之。间有学为贸易者，不过酿薄酒、作糍粑、米粽而已。"①而颁桃人常去赶圩的眼圩、香林和定罗三处圩集在民国前已经存在。如今，颁桃村人常去的是由香林圩发展而来的共和圩集，也有部分群众去赶定罗圩发展而来的马山县永州镇圩集。交易蚕茧、糖料蔗、粮食酒等大宗商品的村民还会到有专门收购点的榜圩、凤梧、旧城、大化等地的市场。颁桃人从龙颁屯步行10多分钟即能到达共和圩，最远的自然屯距离共和圩脚程在1个小时左右。共和圩每三天一圩，有水产肉类果蔬交易行、成衣布匹交易行、农资家具交易行、家禽家畜交易行等，餐饮店、电器店、五金店、理发店、药店、快递站等一应俱全。颁桃人通过共和圩出售自家生产的农副产品，并购买生产生活用品，共和圩基本上能满足颁桃村群众对生产生活物资的交易需求。据2023年底的调查统计，颁桃村人在共和圩开设有商店约10个，流动摊位5～15个，经营粮油果蔬、米粉等品类。另外还有不定期从事农贸物资交流的颁桃人，他们或者摆摊售卖自家田地里种的黑豆、玉米、大米等农产品及加工品，或者摆摊出售养殖的鸡鸭鹅猪牛羊等家禽家畜，甚至有摆摊出售山上采集来的草药、野菜、野果、野生菌之类的物品。据不完全统计，颁桃人不定期经营的摊位有水果摊3个、蔬菜摊4个、烤鸭摊1个、猪肉摊1个、豆腐摊1个、米粉摊1个。

①　王言纪修、朱锦纂《白山司志》卷九，道光十年抄本，第5—6页。

颁桃村与共和圩集距离之近，在客观上制约了村内部商业活动的发展。颁桃村仅开设有四家日用杂货店，一家位于下梯屯，一家位于龙流屯，一家位于布康屯，一家位于局生屯，颁桃村四大片区各设一家，为群众的生活提供便利。这些杂货店出售的货品繁多，吃的喝的用的玩的都有。有一些大宗商品的贸易时间地点是买卖双方私下约定的，例如每年春夏两季到村里收购蚕茧和贩卖蚕种，秋冬季节到村里收购糖料蔗，还有上门收购黑豆、玉米和果蔬、食品药材，以及收购生猪、牛、羊、鸡、鸭、鹅等家禽家畜……这些商业活动在脱贫攻坚以来进行得越来越频繁。颁桃村的农产品在政策的鼓励和刺激下产能得到大幅度提高，加上交通条件的改善，得以走出村子、走出圩集，流向更广阔的市场。

2.服务业

和商业一样，颁桃村的服务业也因为共和圩的关系，并不算发达。就餐饮业来说，颁桃人经常会到共和圩消费河池煮粉、螺蛳粉、奶茶、面包、油条之类的食品，在村里仅布康屯有1家大排档，经营炒粉、煮粉、粥以及小炒快餐。颁桃村里没有摄影店和理发店，人们需要获得这些服务得到共和圩集上去。颁桃村里的摩托车、电车、小汽车渐渐多起来，但仅村头有一间汽修店，兼营摩托车经销、洗车等业务。

颁桃村的通信服务近些年飞速发展。邮政信件包裹一般都送到村委会，再由片区村干部通知收信收件，重要的邮件会有邮递员送上门。快递物流可以上门取件，人们也可以自行到圩集的站点寄取件。颁桃村内大部分家庭安装了固定电话、电视机，而随着移动电话的普及和无线网络传输技术的推广，人们基本上都使用可以连接Wi-Fi的智能手机、彩电等智能家用电器，获得更便捷舒适的通信、视听服务。如今，连颁桃村里八十多岁的老人都学会了使用微信和外出打工的儿女视频通话。

颁桃村有几支装修队，他们之中有些人在大城市做过装修工，把大城市的建筑装修风格带回村里；有些人具有丰富的传统民居装修经验，现代与传统、城市与农村风格相融合是村里最常见的建筑装修式样。随着人们收入的提高和生活理念的改变，现代风格的家居装修在颁桃村越来越普遍，村内兴起粉刷房子外墙、粘贴瓷砖、房屋内部装饰等美化民居的风潮。

颁桃村的环境服务主要由乡政府统一购买社会服务，为各村提供主干道卫生清扫和垃圾集中转运处理等服务。同时，颁桃村面向有劳动能力却因为各种原因无法实现就业的贫困群众开设有环卫公益岗位，让他们负责村里公共场所的卫生保洁，村里的环境卫生也得到了很大改善。

颁桃村的教育服务主要是幼儿阶段的幼儿园服务和成人教育服务。颁桃村里有民办幼儿园三所，一所位于颁桃村小学校园内，一所位于布康屯，一所位于龙房屯。不过，颁桃有条件的家庭一般会把3至6岁的小朋友送到共和圩上的两家幼儿园接受学前教育，因此这几家幼儿园的生源较少，存在倒闭风险。成人教育服务主要是政府、村委会或公益机构组织的职业技能培训，例如桑蚕养殖技术培训、核桃养护技术培训、肉猪肉牛养殖技术培训等。

颁桃村里没有银行，金融服务主要由共和街上的广西农村信用社提供，包括储蓄、理财、代收代付、信贷、保险等。此外，有一些保险公司到村内为人们提供人寿险、健康险、财产险等商业保险服务。

颁桃村的健康与社会服务主要通过县乡医院开展，包括每年医院会到村里为群众开展体检服务，特别是妇女"两癌"（宫颈癌、乳腺癌）筛查。为照顾在颁桃村中生活的行动不便的老人，县乡医院还会定期派医生上门开展体检服务。此外，深圳宝安区的社工每年还到村开展两场以上健康讲座服务。

颁桃村的娱乐、文化与体育服务近些年也得到了大力发展。县文化馆每年开展文化活动下乡，巡回各村开展文艺活动演出，颁桃村也在村民广场承办过这类活动。此外，县文旅单位每年拨给颁桃村一笔文体活动经费，规定每年至少要举办4场群众性文体活动。自从乡村振兴工作开展以来，颁桃人自发组织了几支文艺工作队，练习舞蹈、山歌、走秀等文艺表演。颁桃村的年轻人也积极利用公共篮球场、乒乓球台等健身设施开展体育活动，每年都有人报名参加乡里、县里举办的体育赛事。村民委员会还与村小学或者其他村联合开展了多场文艺晚会、体育活动。

颁桃村附近并无机场、火车站，其交通运输方式以公路运输为主。截至2023年底，颁桃村已完成硬化路进屯，可以实现货物"门到门"运输服务；产业路四通八达，货物从产地直接装运到客户端卸货，节省了农产品从田间地头到市场的中间流转过程。颁桃村距离贵北高速永州收费站入口约10公里，随着重载卡车产业的发展，汽车货物运输的送达速度和载运量大大提高，并向长途运输方向发展。

二、经济发展的困境与挑战

城乡融合工作推动以来，颁桃村各类产业都迎来了大发展，产业规模扩大、现代经营主体增多、产品销售渠道拓宽，促进了群众增收和村级集体经济的发展。而随着农村经济工作的推进，产业同质化、市场经济适应性差、内生动力不足、风险防范化解能力低等问题也逐渐显露出来。

（一）产业同质化问题严峻

根据"一村一品"产业发展策略，颁桃村与附近的农村特色产业重合率高，甚至与邻近市县的乡村之间也没有太大区别，不利于打造地理标识度高的产品。部分产业在落地之前缺乏科学严谨的前期调研和可行性论证，甚至直接复制其他地区的产业项目，跟风投资，项目仓促上马，收益甚微但造成的人力物力浪费不小。同时，产品同质化竞争激烈，而且产品走向市场的形态基本上以粗加工、轻加工产品为主，市场竞争力有限，增收不明显。同类产品一窝蜂出产销售，市场主动权小，滞销、贱卖现象时有发生。例如本地蔬菜瓜果基本与外地的同期成熟，一旦卖不出去或售价太低，村民请不起采摘工人，只能任其烂在地里，遭受经济损失。

（二）市场经济适应性差

1.产业运转依赖政府"输血"

颁桃村的现代性产业虽然是在政策刺激下兴起的，在一定时期内需要政府扶持，但它终究是一种市场经济行为，需要尽快适应、顺应市场经济规律。有些产业园、扶贫养殖场不从本地资源实际出发，看到有相关的扶贫政策就急忙申请项目，落地后又不主动对接市场，不懂养护和管理，习惯于依赖政府的"补助""奖补"等政策"输血"维持运转。一些产业从修路、建设、亮化等基础设施建设到种苗进场再到产品销售，都需要政府帮扶，完全无法自行"向前走"。近年来，传统粮食作物和经济作物生产与市场进行初步结合，出现网上销售店、订单农业、市场定点摊位等销售形式，但并未成为主流。

2.产品市场竞争力弱

颁桃村的产品并不具备价格优势，颁桃村位于桂西北山区，产品主要销往南宁市，与南宁周边的武鸣、宾阳等地出产的同类产品相比物流运输成本相对较高。产品的低端化问题也较为突出，现已走向市场的产品以初级农产品形态为主，缺乏精深加工，丰产不丰收现象普遍。例如，蚕茧保质期短，但颁桃村未掌握缫丝技术，只能卖蚕茧；蚕丝产品研发力度不足，村内从业者有待挖掘产品的科技含量、文化含量、特质，以提升产品附加值。

（三）内生动力不足

1.部分群众对村级产业的态度并不积极

农村产业的投入期长，种植蔬菜瓜果按季度收成，而养殖家禽则需按年来计。产业方面的投入，除了资金还有劳力和技术。在此期间，有许多不确定的因素，包括但不限于自然灾害、病虫害、产品滞销等问题，很可能导致付出的成本与得到的报酬不成正比，因此部分村民对产业发展持观望态度。另外，"等靠要"思想一定程度上阻碍了产业的发展，部分群众依靠政府发放鸡苗、树苗或各类奖补资金发展生产，而种养能人、大户也还在依赖政府政策资金"输血"。部分群众满足于政府的帮扶政策，工作意愿低，不愿意加入产业发展队伍。

2.产业缺乏优质劳动力和高精尖人才

目前支撑起颁桃村产业发展的主力是50岁左右的中老年人。他们之中大部分拥有外出务工经验，年轻时凭一把力气讨生活，眼界得到了一定程度的开拓且积累了一定的资本。趁着政策的东风，他们投身建设扶贫养殖场、合作社、产业基地等现代产业实体。而现有的农村产业大部分岗位待遇远远比不上在发达省份务工的收入，不足以吸引青壮年劳动力回流。村民合作社、扶贫养殖场等每年分红数额较小，有的只有100多元，产业园和扶贫养殖场的工资为50~100元/天，吸引力不足。部分村干部提出，与其耗费时间和精力去搞有风险的产业，不如去做一些收效快的工程更能出成绩、提高声望与管理权威。因此，村级产业无论是技术人才还是管理人才，缺口一直都存在。

（四）产业技术支持不足

目前颁桃村的产业现代化生产技术水平尚处于起步阶段，农业生产虽然不再"靠天收"，但现代农业种养技术知识普及率并不高，培训力度不足。大部分颁桃人文化水平有限，主要根据传统经验发展生产，一遇到病虫害多无计可施，在肥料施用结构、种植结构、耕地质量提升等方面均需要获得更多技术指导。像颁桃村这样典型的喀斯特大石山区农村，在生态环境脆弱、经济发展底子薄的条件下发展产业，更需要高水平的产业指导员来精准施策，一旦不科学选址和养护管理，无法靠自身能力经营下去不说，还破坏了生态环境，降低了人们发展村级产业的信心。

（五）风险防范化解能力弱

在产业发展的过程中不确定因素很多，具有一定的投资风险，然而颁桃村很多产业经营者缺乏风险防范意识，仅依靠政府出资购买保险或仅对大宗产业购买保险，一旦家庭自主养殖的鸡、猪、牛等遇到疫病，则损失较大，甚至陷入贫困或返贫。各产业园受自然和社会因素的限制，带动农户发展的作用参差不齐，甚至已出现部分破产的企业。

可见，颁桃村营商环境尚待优化，产业的聚人作用较弱，引才入村制度尚未建立，城乡产业协同发展平台有待完善，农村三产有待进一步融合发展。其实不只是颁桃村，几乎每个桂西北地区后发展村落都面临着单向流往城市的生产要素如何挽回、产业如何适应市场经济发展规律以增强生命力、乡村经济秩序的破与立等共性问题。而问题的根源在于这些乡村的产业振兴尚处于起步阶段，城乡经济融合发展程度有待进一步提升，生产要素、数字经济、就业等方面的城乡壁垒尚未彻底打破。以工促农、城乡带村是颁桃村经济改革发展的必然趋势。

三、产业振兴的深化路径

在乡村产业振兴工作中，把城乡融合作为突破口和发展机遇，形成城乡互补、协调发展、共同繁荣的新型工农城乡关系，已被我国多地农村实践证明为有效的经济发展路径。颁桃村得益于国家政策倾斜，消灭了绝对贫困，基础设施建设基本完善，公共服务水平得以提升，经济发展的基础得以夯实。新时代背景下，乡村振兴与新型城镇化将成为颁桃村发展的驱动双轮。通过厘清发展逻辑，叠加政策影响，重塑乡村经济地理，打造城乡产业协同发展平台等多重路径，将一村经济融入城乡发展新格局，颁桃村产业发展将大有可为。

（一）强化党对产业振兴工作的全面领导

配强基层党组织队伍，重点在颁桃村的致富带头人、产业能人等经济基础相对较好的人群，以及较有威望的党员中进行挖掘培养，打造敢闯敢干、张口能说、提笔能写、动手能做的高水平基层党组织队伍。不断改善基层党组织队伍年龄与知识结构，重点从务工经商创业人员、大学生、本村致富能手中选配村干部，提升基层治理能力。以提升基层党组织的组织力为重点，围绕乡村振兴中心工作，把农村经济发展作为最大的民生工程和最大的发展机遇。着重解放农村党组织的思想，抓住农村党组织的"关键少数"，开展产业培训和政策研读，激发党员干事创业的热情。基层党组织在农业农村现代化、农村集体产权制度改革、引导创新创业、稳定产业发展、盘活闲置资源等方面想法子、出点子、找路子，致力于发展壮大村级集体经济，积累公共资金。以基层党组织为战斗堡垒，把全村党员凝聚到干事创业上来，集中力量把产业发展作为基层党组织最大的政治责任。按照属地管理原则，制定具体实施方案，充分调动农村资源，推动产业发展各项任务。在带头发展乡村产业、探索农村经济可持续发展路子、搭建共同富裕平台等重要方面发挥基层党组织的先锋模范作用。

（二）厘清发展逻辑，叠加政策作用

注重与国家、广西全区有关政策的衔接，以及片区内跨市、跨县有关政策的衔接，调适自身发展定位，承接各项倾斜政策。紧紧围绕"人、地、钱、技、数"5项生产要素的城乡自由双向流通，以及公共服务和基础设施的全覆盖目标，统筹利用各项政策红利。一是叠加多方面政策在后发展地区农村形成的辐射效应。充分利用国家对广西，以及广西对后发展地区的各项政策辐射，主动融入城乡融合发展格局与新型城镇化建设大潮，推动颁桃村与利好政策辐

射源的规则衔接、机制对接、基础设施互联互通和数字一体化，促使各类生产要素更多地回流颁桃村。二是叠加颁桃村各项落地政策的红利。通过新型城镇化战略和乡村振兴战略双轮驱动，推进颁桃村的新型城镇化建设和美丽乡村建设，形成与邻近的大化、马山、平果三地甚至南宁、百色、河池三市优势互补的高质量城乡协调发展格局。同时，叠加粤桂东西部协作多种发展潜能，强化广东引领和广西联动效应，不断推进资源配置和新动能布局的科学化，形成城乡互促互补的经济高质量发展体制机制。

（三）重塑乡村经济地理

立足本村资源禀赋条件、产业基础、环境容量、市场空间等，挖掘本土特色与优势，总结产业发展规律，精准开展产业定位和优化布局，发展现代特色产业。以县域为单位进行城—乡—村产业功能划区，对乡村经济进行分类，同类项合并组团式发展，凸显各分区特色差异化发展，形成百花齐放式发展局面。因地制宜布局地方特色产业，在顶层设计上结合各地差异性和发展走势，分类施策，突出重点，体现特色，统筹资源整合开发和优化配置，打造生态观光、亲子游学、休闲度假等区域经济高地。因势利导连接区域经济板块，以城市为枢纽、以交通线路为串联，打破城市、乡村经济"单打独斗"的二元状态，将城、乡、村作为整体进行统筹。

制定一二三产业融合发展策略，通过以田园综合体为代表的农商文旅体融合发展等新模式，做活乡村传统经济。充分运用市场化运作方式，通过购买社会服务推进规划设计、投资建设、产业孵化、管理运营、品牌营销和形象塑造，形成产业生态圈，充分释放乡村经济活力，增强乡村产业的市场适应性。通过农村专业合作社实行现代农业产业村域全覆盖，创新利益联结机制，凝聚一批城乡融合发展项目，形成功能相对完善的产业链，实现产业的城乡双向流动和优化配置。运用线上线下融合等商业模式，实现多层次多环节增值，促进产业经济价值转化。

充分尊重基层群众的意见，发挥其首创精神，在资源梳理、产业发展、集体经济壮大等工作上积极组织发动群众，调动其参与共建共治共享的积极性、主动性和创造性。建立利益联结机制，保障基层群众在乡村经济发展中实现安居、就业、增收等权益。

（四）打造城乡产业协同发展平台

在体制机制创新上勇于探索，形成人口、土地、资金、科技等生产要素的制度性通道，以及教育、医疗、养老等公共服务均等化发展体制。在补齐发展短板上大做文章，着力纾解农村权益流动困境、交通与物流困境，实现交通、产业、营商环境一体化。在深度融合、优势互补上下功夫，充分发挥乡村生态和农业优势，通过生态产业化、产业生态化筑牢生态屏障，发展生态旅游、生态疗养等绿色产业；通过现代农业产业集群打造"菜篮子""米袋子""果盘子""茶罐子"等工程。以此为基础谋划"城乡共同体"产业协同发展平台，达到吸引、利用大城市在产业、人才、资金等资源富集优势的目的，通过政策倾斜将优质生产要素和公共资源引入乡村。

桂西北山村得益于国家政策的支持，各行各业都迎来了发展契机，特别是扶贫工作开展以来，经济发展总体水平大为提升。然而，由于产业基础薄弱，桂西北山村大部分劳动力依然无法实现就近就业。从客观上来说，劳动力的大规模转移会造成农村劳动力不足，特别是优质劳动力的紧缺，而桂西北山村产业发展最需要的恰恰就是人才和人气。近些年，数字经济的发展促进了物和信息更广泛、更快捷的自由流通，在客观上逐步消除了不同地区的人们经济发展和生活消费方式的差别，例如网店销售、网购消费、快递外卖等等。其中，以创作无门槛、制作简易、传播迅速、受众广、参与性强为特征的短视频进入广大乡村，掀起了一股"雁归潮""国货潮"，成为乡村引才留才的有效途径之一。这仅是新时代生产要素回流农村的其中一个表现，随着城乡经济互动的深化，人力、资本、技术等生产要素跨区域、跨地区、跨国界的双向流动也已经实现。这反映了广大农村地区已经从传统的自给自足的小农经济融入现代的开放的国内国际经贸体系之中。桂西北地区的后发展山村唯有不断改革、调适自身，才能承接好这波生产要素流量，为产业振兴提供动能和契机。

第六章　颁桃村的文化

　　中国历史文化名村是"保存文物特别丰富且具有重大历史价值或纪念意义的，能较完整地反映一些历史时期传统风貌和地方民族特色的村"①。2003年10月以来，全国范围内已产生七批共计799个中国历史文化名镇名村。广西壮族自治区历史文化名村资源丰富，至2023年底共评选出87个自治区级历史文化名村，其中29个入选中国历史文化名村名录，它们的文化以高辨识度备受学界关注。党的十九大提出实施乡村振兴战略以来，作为"五个振兴"之一的乡村文化振兴成为学界的乡村研究重点。从业已形成的研究成果来看，学界对乡村文化的研究集中于文化建设、文化价值、文化保护与发展等方面的讨论。然而，除了这些名村之外，广西尚有1.4万余个非历史文化名村，这些村落因为较少被关注，部分文化在城乡建设过程中已经消失。孔子说："礼失而求诸野。"如果不对普通村落的文化加以研究、保护和传承，恐怕往后的研究会陷入无处可求

---

　　①　《建设部、国家文物局公布第一批中国历史文化名镇、名村》，《城建档案》2004年第2期。

的境地。

颁桃村是桂西北地区常见的普通山村，它既没有红色革命遗迹和历史久远的老建筑，也没出土过什么文物，因缺乏文献、碑刻等史料记载，无法考证太久远的村史，但这并不等于颁桃村没有自己的文化。颁桃人在长期的生产生活实践中不断创造、积累了诸多有形或无形的文化，内容丰富，蕴藏在方言、饮食、民居、民间信仰和礼仪习俗等载体之中。它们至今仍影响着当地人的社会生活和社会心理。同时，颁桃村的本土文化与外部文化长期交流，一些外地文化甚至外国文化也被颁桃文化所吸收，使得颁桃村的文化不仅具有鲜明的地域特点和民族色彩，同时也具有开放性特征，区域文化、中华文化和现代文明印记明显。本部分将通过对颁桃村的文化个案研究，探析桂西北普通山村的文化变迁历程，并讨论其保护和利用路径。

一、本土文化及其变迁

颁桃村的文化总体上可以分为物质文化和精神文化两大类。颁桃村的物质文化包括在衣、食、住、行等日常生活方面和农耕、采集、狩猎等生产劳动中形成的文化，较为突出的是服饰文化、饮食文化和居住文化。颁桃村的精神文化则包括语言文字、文学艺术等诸多方面，较为突出的是方言文化、民间信仰、礼俗文化等。

（一）服饰文化及其变迁

颁桃村所在的区域有自己的苎麻、棉花、桑和蓝靛种植史，清代地方志称苎"即麻也，取供缝纫、绳索之用"，而蚕为"妇女间有饲者"①；民国县志则称到光绪年间大力推广种桑，民国十五年（1926 年）因推广得力县内普遍种植棉花，每十户中就有一二户养蚕户②，因此麻布和棉布出产较多。过去，颁桃村几乎家家都有织布机和缝纫机，人们的衣裤、冠带和鞋袜大多是用自染的蓝靛土布所制，从头到脚的穿戴主要靠自家生产。手巧的颁桃女子还会在布面上刺绣，男女装、被子、鞋面、背带上多绣有花草或鸟兽。壮瑶两族人一般穿蓝黑两色的衣服和土布鞋。其中，男装多为对襟布扣的唐装上衣，裤子为宽管长裤，鞋子为黑色千层底土布鞋。女装的民族特色较男装明显，壮族女装多为低领宽袖右衽绣花土布上衣，宽头大管黑裤，脚穿尖头绣花布鞋。而整套的瑶族妇女服饰常由帽子或头巾、头饰，上衣，两片裙或围裙、腰带，下裤，厚层翻底绣花布鞋，以及其他配饰品等六部分构成，色彩斑斓。瑶族妇女服饰以红、黄、绿、白、黑五色的巧妙搭配运用，以及服饰上绣有山川河流、祥禽瑞兽等图纹而区别于周边其他少数民族服饰。宋人周去非发现了这一现象："妇人上衫下裙，斑斓勃窣，惟其上衣斑文极细，俗所尚也。"③当地瑶族的创世史诗《密洛陀》中甚至对具体的着装步骤进行了规定："先梳发，后结髻；先穿衣，后穿裤；衣连裙，裤花边。"如今颁桃土布已基本停产，人们的衣服大多是在共和圩、大化县城的商店或者网络电商购买，一些怀旧的人会到布匹店选布量身定

① 蓝武、蒋盛楠编著《〈白山司志〉点校与研究》，广西师范大学出版社，2016，第 108、113 页。

② 原那马县志修志局编《那马县志草略》，《马山县志》办公室，1984，第 13—14 页。

③ 周去非：《岭外代答校注》，杨武泉校注，中华书局，1999，第 119 页。

制一些传统服装。过去鞋子也不是人人都有，清代方志甚至称当地群众："平日皆跣足，遇年节及喜庆宴会，男着袜履，女蹑花鞋，悉以布为之。"[1]今天的颁桃，人们平日多穿拖鞋、凉鞋、布鞋等，光脚的情况已较为少见。男女老少的衣裤鞋袜多为时下大众流行样式，随着人们经济条件的改善，名牌服饰鞋帽在村里也开始出现。

颁桃人喜欢佩戴饰品，常见的有手镯、项链和头饰，材质有金、银、铜、木等。过去，颁桃壮族已婚妇女惯常将长发绾成螺髻垂于后脑，再用毛巾或布巾缠头，文献多称之为"椎结跣踞"[2]，未婚少女或扎发辫或剪短发；男子也用土布或毛巾缠头，现秋冬多戴帽子，春夏则不戴。相比起来，瑶族男女的头巾要比壮族的色彩丰富，女子常用瑶绣长帕盘头，男子则用滚边绣缀彩穗的黑头巾盘头。颁桃男女都喜欢佩戴银饰，以妇女孩童佩戴较为普遍。男子的佩饰有腰刀、烟斗、银链、吊牌等，女子的佩饰有手镯、银替、银针、银帽、耳环、串珠、项圈、银钗、银牌、银链、银铃等。一般而言，瑶族女子的饰物比壮族女子的丰富，她们往往头、颈、胸、腰、手、脚都佩有相应银饰，不过，她们一般只在结婚、重大节庆等喜庆场合穿着盛装及佩戴全套饰品。

（二）饮食文化及其变迁

历史上，桂西北地区的饮食文化给中原士人阶层以粗犷、彪悍

---

① 王言纪修、朱锦纂《白山司志》卷九，道光十年抄本，第3页。
② 魏征等：《隋书》卷八·志七，马俊民校注，中国社会科学出版社，2020，第2172页。

的印象，唐代文献即记载了当地吃蜜唧①、圣虀和蚁酱②等习俗，宋人笔记称当地"以射生食动而活"③，明代文献《赤雅》中还记录了蜗牛烩、无头鲊等④地方饮食。颁桃人的食物早已变成以自家种养为主，人们过去每天只吃两顿正餐，至今仍有部分人保留着这个习惯。早上起床后，人们一般先下地干活或做些家务，到10点左右吃第一顿正餐，吃完再继续干活，到16点左右吃第二顿正餐。因此，颁桃人的饮食以工序简易、量多、耐饥饿类食物为主，以粗粮、粗加工为突出特点，精深加工的食品较少。粗粮是很多颁桃人家庭的主食，如块茎类的红薯、木薯、薯蓣、参薯、芋头、旱藕、葛根等，杂豆类的豇豆、红豆、黄豆、黑豆、绿豆、豌豆、花生等。耐旱耐瘠的玉米从明朝传入我国以后，很快占据颁桃人餐桌第一主食的地位，以水煮嫩玉米、火烤老玉米、熬玉米粥为主要做法。颁桃人还爱吃耐饿的糯米制品，如糯米饭、粽子和各种糍粑。山村贫苦，酒是颁桃人调剂生活和待客必不可少之物。酒以自家酿制的粮食酒、水果酒和药酒三大类为主，常见的有大米酒、糯米酒、玉米酒、山葡萄酒，很多人靠它们放松身心、娱乐消遣。颁桃人待客通常以全荤菜为热情周到的标志，荤菜的做法也以简单易做的白切为常见，以食盐或者香椿酱为佐料。

随着生活条件和交通条件的改善，食材不像过去那样单调，颁桃人的餐桌上食物种类越来越丰富。以大米为例，人们不再像过去那样一年到头难吃上一顿白米饭了，现在还制成诸多大米制

---

①　张鷟：《朝野金载》，袁宪校注，三秦出版社，2004，第72页。

②　商璧、潘博：《岭表录异校补》，广西民族出版社，1988，第61—62页、184页。

③　周去非：《岭外代答校注》，杨武泉校注，中华书局，1999，第416页。

④　邝露：《赤雅考释》，蓝鸿恩考释，广西民族出版社，1995，第38—39页。

品，如米酒、米糕、米粉等。其中最盛行的是米粉，有蒸米粉、
生榨粉、炒米粉等诸多吃法。现代物流便捷，颁桃人的餐桌上甚
至出现了虾、蟹、螺等河鲜海鲜的身影。不过，在颁桃人的所有
饮食中有两道至今仍被视为招待贵客或者重大节庆才会准备的，
其中一道叫"瘪汤"，又被称为"百草汤"，即唐人笔记中的"圣
齑"。这道菜肴以杀牛宰羊时取其胃中未消化的草为主料，挤出草
汁加水煮成火锅汤底，再将肉类、下水等放入煮熟。人们认为散
养的牛羊吃的草都是经过它们筛选的，其中不仅没有毒草，反而
含有不少对人也有益处的草药，和着牛羊胃液的百草做成的百草
汤虽然味苦，但具有祛病养胃的功效，因此往往要邀请亲朋好友
来一起享用。另一道菜叫"打活血"，也是必须与家人共享和招待
贵客的"硬菜"。用大盆盛着新鲜的猪牛羊等动物的热血，撒盐搅
拌 10～20 分钟，至冷却而不凝结。将猪牛羊的下水洗净剁碎与
姜、蒜、葱、椿、大料等炒熟盛碗，再往碗中倒入活血即可食用。
有民族学学者对"瘪汤"的功能进行研究后认为："对这一食物的
共享也进一步加强了他们之间的自我认同。"[1]有人类学学者认为
吃生血的行为是"宗教信仰与族群认同的标志性符号"[2]。颁桃村
几乎没有人说得清是从什么时候开始有这两道菜肴的，也没法像
学者们那样娓娓道出这两道菜肴所蕴含的各种社会功能和意义，
他们只执着地认定在以猪牛羊为原料所制的菜肴中以这两道菜最
为珍贵，甚至有"不吃等于白杀猪牛羊"的说法。

――――――――――

[1]　张江华：《人以为秽而彼则不啻珍错——中国西南地区一种"异味"食品的
社会生活》，《民族学刊》2019 年第 1 期。

[2]　赵宇翔、张荣军：《西南少数民族节庆仪式中的血祭及其人类学解读》，《贵
州民族研究》2022 年第 6 期。

俗话说"靠山吃山，靠水吃水"。颁桃人的一饮一啄无不从山地中来，带有较为明显的地理印记和民族特色。随着现代健康生活观念的普及，颁桃人也跟城市里的人们一样热衷于追求食物的营养和健康。有趣的是，城市里的人们发现包括颁桃村在内的桂西北地区拥有大量的长寿老人，大化瑶族自治县被评为"中国长寿之乡"，紧挨着"世界长寿之乡"巴马瑶族自治县。人们认为当地的饮食习惯或是其中的一个长寿密码。因此，近些年来桂西北地区的无公害农产品备受讲究健康养生之道的人士追捧，包括但不限于上文提到的玉米粥、百草汤等。包括颁桃村在内的桂西北地区通过地理标志认证，打造了一系列长寿养生食品品牌，在客观上将其饮食文化推向世界。

（三）居住文化及其变迁

桂西北山村的传统建筑以讲究实用为特征，建筑材料多就近取材于山林，以砂石、竹木、石块等为主要原材料。传统民居为依山而建的干栏式建筑，以石块为地基，圆木做梁柱，竹子木板围成墙，茅草、稻草做屋顶，方志称芒茅"俗名黄茅，取以盖屋"[1]。一般建成1～3层的房屋。较为讲究的人家则会用青石来砌一楼架空层的墙，用泥砖砌二楼的墙，用黑瓦做屋顶。一楼架空层隔成若干间，作为厕所、家禽家畜的圈舍和堆放农具的杂物间。上楼借助木梯或石梯。二楼是人的生活场所，也隔成若干个空间，一般在进门后大约一半的地方用木板做一个隔断，前半部分空间用作客厅，后半部

---

[1]　蓝武、蒋盛楠编著《〈白山司志〉点校与研究》，广西师范大学出版社，2016，第108页。

分空间再分隔成几间卧室。客厅的中央一般设一座火塘，放上特制的铁架做灶。在火塘的一侧摆上餐桌和放置餐具、厨具的柜子，而另一侧往往安着老人的床铺。有些人家还在楼上建一间阁楼，用来存放粮食等家庭财产。古人称这种居住方式为"巢居"，宋人周去非对干栏式建筑的结构、功能和环境进行了详细的描述："深广之民，结栅以居，上施茅屋，下豢牛豕。栅上编竹为栈，不施椅桌床榻，唯有一牛皮为裀席，寝食于斯。牛豕之秽，升闻于栈罅之间，不可向迩。彼皆习惯，莫之闻也。考其所以然，盖地多虎狼，不如是则人畜皆不得安，无乃上古巢居之意欤？"①至清代颁桃村及周边山村依然以这种建筑为民居："其居乡村者，无论瓦盖草苫，皆作上下两层，人处其上，牛、羊、鸡、豕处其下，名曰栏房。客至亦宿于上，人畜只隔一板，秽气熏蒸。"②

改革开放以来，颁桃村大部分民居改为砖混结构建筑。它们多建在山间平地上，以青砖、红砖、钢筋、水泥、混凝土等为建筑材料，占地面积多在120平方米左右，以1~3层的楼房为常见。有些房屋的功能分区还保留着传统民居的样式。2018年以来，颁桃村狠抓改厨、改厕、改圈工作，对民居厨房、卫生间和家禽家畜圈舍都进行了现代化改造。厨房必须有灶台（洗手台）、抽油烟机、排气扇、节能灶和自来水龙头，卫生间按照排污与厨房污水分离、有热水器的标准进行改造，改圈则主要实施人畜分离。近10年来，装修民居成为村内潮流，大多装修过的房子已经很难与过去山村民居的样子相联系了。

① 周去非：《岭外代答校注》，杨武泉校注，中华书局，1999，第155页。
② 王言纪修、朱锦篡《白山司志》卷九，道光十年抄本，第5页。

（四）语言文化及其变迁

颁桃村是语言的宝库，除了壮族、瑶族2个世居民族自己的民族语言，还通行普通话、西南官话，部分人还会讲粤语、侗语、仫佬语，形成多语言共存的环境。除了普通话以外，其余的语言都属于方言土语。

1.颁桃村方言及其变迁

壮语和瑶语是颁桃人传统的主要通用方言。颁桃村的壮语属于北路壮语红水河土语，不同的屯使用的壮语也存在一些区别。总体而言，颁桃村壮语的语法结构的特点是中心词在前、定语在后，恰好与汉语语法结构的顺序相反。由于壮族人口是颁桃村中的绝对多数，壮语成为村中的主要语言，不仅壮族人之间交流时使用，其他民族的人与壮族人交流时也使用，甚至在村中大大小小的会议上也常常使用以达到充分表达、传递信息的目的。颁桃村的瑶语属于瑶语布努语，主要流行于新村、龙冲、龙余、龙流、龙房等瑶族聚居屯。瑶语是瑶族人之间交流的通用语言，村中有一部分壮族人也会使用。

随着普通话的普及推广，颁桃村下至三岁孩童上至八十老叟均可使用普通话进行交流。我国从1955年开始在教育体系中推广普通话，2001年1月1日起施行《中华人民共和国国家通用语言文字法》，普通话作为国家通用语言在全国范围内得到大力推广普及。广西推广普通话的力度是非常大的，即使是偏僻的深山老村亦无处不到。如今，颁桃村经济社会领域和公共服务行业用语基本为普通话。普通话和汉字成为广播、电视、网络、通信设备中信息传递的主要载体，人们为了提高学习、工作和生活水平，掌握和使用普通话成为必要技能。村中的大部分儿童从学说话开始即以普通话为母语，家长与之对话亦用普通话。小学生全部掌握普通话，仅少数还会说壮语或瑶语。初中及以上年龄段的年轻人能在普通话和少数民族语言之间熟练切换。而中老年人的普通话水平则随着电视、智能手机的普及和应用场景的增多不断提升。普通话的普及率和使用率代表着一个地区与外界的交往程度、外来人口的规模和地区的宽容度等。[①]通用语言文字的推广有利于颁桃人在更广阔的领域里开展经济文化交流活动。

可见，颁桃村的语言呈现鲜明的民族性和时代性。过去地理环境的相对封闭与交通的困难在客观上保护了本土方言，这也是在推广普通话20余年后颁桃村的壮语、瑶语仍能畅行的原因。随着交通闭塞局面的打破，颁桃人与外界的交流交往增多，人口跨地域流动增加，各种语言接触频繁。语言的载体是人，颁桃村语言格局的形成与人口的迁移、人口的构成等密切相关。一是政治干预形成的语言嵌入。颁桃村普通话普及的原因主要是国家治理力量的深入村户，特别是大力推广普通话以来，普通话已成为颁桃村部分家庭的交流语言，与壮语并驾齐驱，且大有赶超壮话的趋势。二是经济活动带来的语言多样化。包括颁桃人外出谋生习得的当地语言以及外地人到颁桃村进行生产经营活动带来的语言，如白话、闽南话等。三是民族杂居形成的语言区域交叉。颁桃村壮瑶杂居，语言接触频繁，各语言区域呈犬牙交错状分布。加上不同民族之间互相通婚，方言区域边界模糊，甚至出现一个家庭有两种以上语言共用、一句话中

---

① 金暂坤、马永俊：《方言保护与传承的意义浅析》，《黑龙江教育学院学报》2011年第5期。

含有多种语言词汇等现象。

　　方言是延续地方历史文脉的载体，具有增进乡情亲情、凝聚人心、增强区域认同等作用，承载着保护文化多样性的重要使命，是听得见的"乡愁"。联合国教科文组织认为："语言多样性是人类最重要的遗产。每一种语言都蕴藏着一个民族独特的文化智慧，任何一种语言的消亡都将是整个人类的损失。"①颁桃村语言资源的丰富性与高危性并存。颁桃村的壮语、瑶语皆呈现明显的萎缩趋势，包括系统萎缩和功能萎缩②。首先，方言使用人数逐渐减少，纯正度逐渐消减，影响力逐步削弱，独特成分逐渐被通语代替。方言在人们日常生活中使用的频率逐渐下降，使用场景不断被压缩，有的家庭仅在家庭成员内部交流时使用方言，有些青少年仅会使用方言称谓词语，导致大方言逐渐变小方言，小方言变碎片化方言。其次，颁桃村的壮语、瑶语使用人群老龄化趋势明显。方言土语主要是生活在村中的中老年人之间交流所用，学龄前儿童已开始使用普通话，而青少年方言习得和使用场景相对减少，方言代际传承能力减弱。另外，方言偏见与方言自卑现象也在一定程度上存在。调研发现，部分年轻人认为方言相较于汉语、英语这类语言来说难登大雅之堂，羞于使用。

　　语言是不断发展变化的，与时俱进地不断丰富自身词汇和表达是语言维持生命力的需要。方言区域的张缩是语言竞争的必然结果，但从方言对文化传承和社会治理的重大意义来看，对方言采取一些

---

　　①　联合国教科文组织濒危语言问题特别专家组：《语言活力与语言濒危》，范俊军、宫齐、胡鸿雁译，《民族语文》2006年第3期。

　　②　李生慧：《听得到方言　看得见乡愁——对方言热的冷思考》，《文化学刊》2018年第11期。

工作措施必要且迫切。语言作为一种交流工具，它的生命在于被使用，颁桃村的语言工作不是保护方言，而是建设一个以通用语言为主导的多语言社会。我国早有明确的语言使用政策来管理境内的多种语言，指定普通话作为国家的通用语言与方言的开发利用并不矛盾。2016年《国家语言文字事业"十三五"发展规划》提出实施中国语言资源保护工程，广西于2018年制定了《广西壮族自治区少数民族语言文字工作条例》，保障各少数民族使用和发展本民族语言文字的自由。颁桃村借此规定，构建起多语言学习、使用的良好氛围，中小学校实施方言和普通话双语教育，有些新媒体平台交流也使用多种语言。

2.颁桃村方言文化景观

方言是地域文化的显性元素之一，风俗、宗教、民间文艺等文化景观均能表现方言的差异性[①]。颁桃村的音乐景观和地名文化景观的形成都与方言有密不可分的关系。

音乐景观。方言是说唱类文化艺术形成的基石[②]。颁桃村的方言音乐景观包括对歌及经歌等。颁桃村的壮族和瑶族都是善于歌唱的民族，人们随时随地即兴对歌。颁桃人对歌以自由组织、临时发挥、方言演唱为主要特点。经歌主要是师公道公做法事时演唱的巫调歌曲，主要是以壮语、瑶语演唱的祖先故事叙事歌。经歌有单人独立演唱、一人主唱多人和声、双人对唱及合唱等形式，歌词多用古壮字或者汉字记壮音，在长期的口头传诵中被频繁加工和删改，

---

① 林炜铃、陈金华：《平潭岛方言地理格局与文化景观分析》，《浙江海洋学院学报（人文科学版）》2012年第1期。

② 蔡源莉：《方言是构成地方曲种个性的基石——关于非物质文化遗产（曲艺类）传承中方言保护的问题》，《曲艺》2015年第1期。

最后形成格式规范的长篇歌谣集。它们展现了丰富的民族语言文化，包括基本词汇、构词方式、语法结构等，对研究颁桃村文学及社会变迁具有重要的价值。在此基础上，颁桃村形成了群众基础广泛的歌圩文化。颁桃人爱唱歌、善唱歌，歌是社交的重要工具，还一度是颁桃人择偶的必备技能，而歌圩往往成为歌唱技艺的检验场。人们在节庆、圩日、婚丧嫁娶甚至平常的夜晚围着火塘举办歌圩。随着现代信息技术的普及，微信、QQ 等网络平台也成为人们对歌的场所。

地名文化景观。地名是历史、地理和文化的载体，在行政管理、经济社会建设和内外交往中具有重要作用。2022 年公布的《地名管理条例》要求从我国地名的历史和实际出发，加强地名文化公益宣传，组织研究、传承地名文化。在颁桃村的地名中，除了汉字之外，方言特色也很突出。这些地名多带有 "ban" "long" "bu" "ba" 等土语发音。其中，"ba" 音一般仍用古壮字 "岜" 来进行文字表述，意为石山，是壮语地区常见地名用字。而现实生活中，颁桃村的地名多用土语称呼，方言存在感强烈，像 "颁桃村" 这样壮汉双语合成的词语是他称或者官方称谓。可见，颁桃村拥有土语与汉语相融合的地名文化。类似这样的地名在颁桃村很常见。

（五）信仰文化及其变迁

颁桃人既信奉祖先神和自然神，也信奉儒释道等宗教的神祇，复杂的民间信仰构筑成人们深邃广阔的精神世界。颁桃人的祖先崇拜集中表现在对家族历代祖先和对创世祖神的郑重祭拜。颁桃人将祭祖列入 "孝顺" 的考核标准之一。在颁桃人家宅的神龛上，居于正中间的必然是家族高曾祖考妣宗亲的神位，并用相较于其他神位更大的字号书写。在神龛旁边一般还要悬挂先祖考妣的照片。除了过年过节和特殊日子隆重祭祖外，平时随祭。其中，最为隆重的是每年农历三月初三前后的扫墓祭祖。颁桃人以家族为单位举行集体祭拜，已搬迁或外出的人都争取回去参加。由于以前很少有识字的人，颁桃村鲜少有修撰年份超过30年的家谱族谱，祖先故事、家族源流、血缘远近、历史传统等只能通过口耳相传。近些年来，随着颁桃人文化水平和经济水平的提升，部分家族修撰了谱牒，对姓氏来源、宗支、班辈、婚配及子女情况等事项进行记录。在目前搜集到的颁桃村族谱中可以看到，人们都尽可能地追溯家族始祖、祖先迁徙历史，并搜录祖先故事传说。通过族谱的修撰、记载和传承，祖先崇拜得到了扩散和强化。在对民族创世祖神崇拜方面，颁桃村的壮族信奉花王圣母（又称花王婆婆），有学者认为花王圣母即是壮族创世女神姆六甲。壮族将之视作主管生育的女神和儿童的守护神，请入家宅与家族祖先同祀，除了平时随祭和节庆祭祀之外，夫妇求子时会隆重祭拜花婆进行求花，并在添了新生儿后于床头安设花婆神位以香花鲜果进行供奉。颁桃村的瑶族还信奉民族创世女神密洛陀。人们在农历五月廿九举行隆重纪念，称为"达努节""过瑶年""祝著节"，现在已经成为大化全县的盛事。从壮瑶两族的祖神信仰来看，颁桃村曾长期处于母系氏族社会，且其遗风在历史上延续了很长时间。陆游笔记中关于沅江及其以南地区男女日常劳动的记载即能看到一些印记："其负物则少者轻，老者重，率皆束于背，妇人负者尤多。"①颁桃村所在的区域在历史上曾盛行不落夫家的习俗："娶日，其女即还母家，与邻女作处，间与其夫野合，有身乃潜告其

---

① 陆游：《老学庵笔记》，杨立英校注，三秦出版社，2003，第124页。

夫，作栏以待，生子始称为妇也。"①这种习俗现今仍有遗痕，颁桃村有部分青年男女交往生了孩子后才去领证并给孩子上户口，更重要的是，在这里，女性和男性的地位基本上是平等的，很少有重男轻女的家庭，反而很多家庭掌握话事权的都是妻子或母亲。

自然崇拜是对自然事物的敬畏、人格化与神化。颁桃人认为，大自然中万物有灵，会对人类社会的生产生活产生影响。颁桃人的自然崇拜对象广泛，天地日月、山川木石、风雨雷电、飞禽走兽等都有相应的神。其中，较为常见的是土地神、六畜神、山神和雷神的崇拜。颁桃村各屯都设土地庙，每隔五年会隆重地举办一次庙会，平时随祭。人们还将土地神迎入家宅神龛中供奉，并于每年春种之前、秋收之后备上祭品到田间地头去进行春祈秋报。山神在颁桃村常以一座高山、一棵老树或一块巨石为形象，在开山采石、割草伐木、狩猎采集等场合要先祭山神。雷神被颁桃人称为雷公或雷公鬼，人们在连续干旱时要打醮祈雨，在雨水过多时则祭祀祈晴。

颁桃村的民间信仰是个开放、包容的系统，颁桃人将部分道佛神仙吸收到本土神灵体系里，村内流传至今的各种信仰在教规教义和祭祀仪式上都有所融合。此外，颁桃村的民间信仰还充分吸收了中国历史人物、历史故事、戏剧小说、神话传说等文化元素，《三国演义》《西游记》等名著里的故事常在法事仪式中被演绎。可以说，颁桃村的民间信仰糅合了佛教、道教，还有儒家的政治思想、社会秩序架构和伦理道德观念，以此构建了当地整套神灵体系和仪式仪规。

---

① 邝露：《赤雅考释》，蓝鸿恩考释，广西民族出版社，1995，第26页。

（六）人生礼仪及其变迁

颁桃人重礼，人们通过一整套的礼仪规程建立情感和维系关系。在每个颁桃人的一生中，每个年龄阶段都有相应的礼仪仪式，其中较为普遍的有诞生礼、寿礼、婚礼及丧礼。

1.诞生礼

过去，颁桃村里的产妇一般是在家中分娩的，村里有数名接生婆。如今，人们相信现代医学，一般选择在医院生孩子，生产事故大为减少。颁桃村的壮族和瑶族人在婴儿出生后，会在产妇床头或家中神龛供奉花王婆婆。孩子出生的第三天要做"三朝"，宴请亲朋好友，一般要做糯米甜酒。产妇在产后一个月左右的时间里要和婴儿一起待在家里坐月子，尽量减少外出。孩子满月后，产妇结束坐月子，家里一般杀鸡杀猪、做粽子糍粑，设满月酒宴请宾客，孩子外祖家一般会送来背带、鸡、鸡蛋等，亲朋多赠送滋补品等。

2.寿礼

从前，颁桃人家一般只为长者过寿。过大寿的宴客食物比照年节的规格办理，主家提前做粽子或是糯米糍粑，杀猪宰羊，除了鸡鸭猪等肉菜之外，"打活血""百草汤"必不可少。当然这是经济条件较好的人家大宴宾朋的场面，条件一般的家庭则摆上一桌比平日丰盛的饭菜以示庆祝。随着人们生活条件的改善，以及流行风尚的影响，如今颁桃村不论老幼、不管是否大寿，都会给过生日者一些仪式感，常见的是邀请亲朋好友到家里或者下馆子吃顿生日宴。宴席上生日蛋糕取代传统本地硬菜成为不可或缺的标志性食物。亲友们会给寿星赠送红包或礼品。近年来，颁桃村小朋友们过生日也有越来越隆重的架势。家里长辈提前到乡镇甚至是县里的蛋糕店定做生日蛋糕，并准备丰盛的饭菜，小朋友则邀请同学玩伴一起来吃生日宴。

3.婚礼

颁桃村传统婚嫁需要媒人从中撮合，并请道公卜算男女年庚八字克合。如若相克，婚事作罢，如若相合才进行下定。此后，女家通过媒人与男家商量聘金、嫁妆、结婚日期等事项。成婚当天，男家送女家一头杀好的生猪，送媒人一只猪头以示答谢。新娘出门的吉时是由道公麽公提前算好的，男方接亲队伍为不耽误吉时早早到达女方家，女家一般要招待迎亲队伍一顿饭。之后，新娘辞别祖先、父母和兄弟姐妹，送亲队伍带着嫁妆出发前往男方家。据村里老人说，从前新娘出门时要哭嫁，伴娘要陪着一起唱哭嫁词。到男家以后，新郎新娘拜堂、送新鞋给男家人，还有伴郎伴娘对歌、不落夫家等习俗。

随着时代变迁，现今颁桃村仅有部分青年男女依靠媒人说亲结婚，大多通过求学、外出务工等途径相识、恋爱、结婚。结婚流程也大为简易，有的年轻男女仅到民政局登记了事，有的会在饭店摆桌请客，不过大多数人还是会邀请亲朋好友到家里吃喜酒，喜宴持续时间为1~3天，丰俭程度由主家的经济实力决定。

4.葬礼

桂西北山村在古代流行崖洞葬，广西考古工作者先后在这片区域发现了平果市岑逊山崖洞葬、隆安县峛埌山崖洞葬和那矿山崖洞葬等墓址，年代从隋唐延伸至明清时期。①事实上，这种葬俗此后

---

① 周继勇、田丰：《广西左右江流域崖洞葬调查研究》，《江汉考古》1991年第3期。

依然流传。根据民国那马县志记载："土人则略有差别，当父母亡故，未遽治丧，必先请道公收棺，停棺在家一月，或三五个月不等。俟报完亲眷，始复请道公治丧，一二日夜，或三五日夜，始扶柩还山。嗣后，无论新民、土、客等人，至六、七年，必检父母骸骨，盛以瓷罐，选择地厝之。又二三年，开坟揭视，有泥水侵骸骨，复起而迁葬他处，否，则已。历代如是。"①颁桃村的丧礼与该段记载相差无几，一般二次葬也会选址石山洞穴。不过这些办得很隆重的丧事并不包括意外早夭的情况。若是成年以前死亡的，一般尸体不回村，不举行仪式，只请几位亲友帮忙择地安葬。

过去，颁桃村里有老人过世，无论贫富，子孙都要大办丧礼，否则会被人贴上不肖子孙的标签，在村里处处被人看不起，并在重要事务中失去话语权甚至参与权。传统丧礼有诸多忌讳，需要择吉日举办，偶尔会出现人去世后一年半载才遇上合适日子的情况。因此，近些年主家往往先不办葬礼，而是请道公卜葬地安厝，待吉日再补上仪式。传统葬礼持续的时间一般是3~5天，近来移风易俗时间缩短为2~3天。主家直系家属都身披重孝，请来道公麽公、亲友邻里来家里办丧事。道公麽公手握做法事、安排入殓、选墓地等重要事项的权力，因此在村中有极高的威望。近些年颁桃村还有以追悼会形式办理丧事的，不过并不常见。

办完丧事后1~3天，主家直系亲属须到墓前送饭，并持续守灵40天。守灵期间，主家在神龛摆上逝者照片，三餐供饭。直系亲属在厅堂打地铺，日夜轮流守灵。至40天守孝期满，亲属除去丧服，宴请亲友共餐，丧事才算办结。

---

① 原那马县志修志局编《那马县志草略》，《马山县志》办公室，1984，第5页。

丧事办完的第一到第三年的"三月三"节前后，亲属都要去扫墓。他们做好染色糯米饭，备好水煮整鸡、烤全猪、时令果品等前去上坟。3~5年后，由道公麽公选好日子后开坟捡骨，安置到一个陶瓷瓮中，是为"二次葬"。一般二次葬的地方选在石山上。为了亲人尸骨能妥善保存，经济条件允许的家族会建一座小屋，甚至进行装修，近些年种绿植、贴瓷砖、粉刷墙壁也成为流行风尚。

（七）节庆文化及其变迁

颁桃村一年里几乎每个月都有节日，例如正月春节、二月春社、三月清明、四月初八、五月端午、六月六、七月中元、八月中秋、九月重阳、十月十、十一月冬至、腊月除夕等等。除了这些传统节日之外，颁桃村的年轻人之间还悄然流行起过情人节、圣诞节、感恩节等"洋节"，以及"光棍节"等近些年新出现的节日。颁桃村是少数民族人口为主体的村寨，除了全国各地的普遍性节日之外，本地还盛行过"三月三"、土地诞、中元节以及民族特色较为浓郁的祝著节等节日。

1. "三月三"

"三月三"是我国多个民族的传统节日，有着悠久的历史。颁桃村里的壮族和瑶族均将之作为大节庆祝。节日前夕，家家户户都要用枫叶、红蓝草、黄花（或黄姜）、紫兰草等植物的汁水给糯米染上黑、红、黄、紫等颜色，蒸成花糯饭，再准备水煮整鸭整鸡（还有的会准备烤乳猪）、染红的鸡蛋以及大肉粽等去扫墓祭祖，最后举行家族共餐。过去，人们还利用这种集体活动的契机在圩集、村寨空地或河边等公开场所办歌圩对唱山歌。青年男女往往以此为交友场合，倚歌择配。人们自由对歌，歌词多数是临时编就，很考验随机应变的能力。如今，歌圩的择偶功能不再，人们很少在"三月三"自发聚集对歌，取而代之的是政府部门组织的盛大文艺演出活动。在这些演出场所四周，来搞活动促销的商户云集，因此"三月三"也成为人们走亲访友、休闲娱乐、购物消费的节日。

2.土地诞

颁桃人普遍信仰土地神，并以自然屯为单位修建土地公庙。各屯的土地寿辰不同，据村里老人推测这可能跟各屯移居到来的先后有关系。各屯群众每隔5年做一次盛大的土地诞，平时四时随祭。土地诞一般举办3~5天，视各屯经济情况而定。由德高望重且年富力强的人组成理事会，他们负责和道公师公商量好法事议程及功德酬劳，给全屯的劳动力安排分工，并嘱咐各家自行通知出嫁女儿按时回来参加活动。在土地诞前一天，有任务安排的人们就开始做筹备工作，包括杀猪、杀鸡、杀鸭、买菜洗菜、准备桌椅等等。土地诞期间，全屯男女老少都要参加劳动和仪式活动。第一天人们早早开始准备饭菜，整个屯的人都会在庙前共餐。人们围着火堆唱山歌、跳舞（过去的舞蹈现已被广场舞取代）。第二天，道公踩花灯、师公表演傩戏，人们将过世的亲人姓名题写在榜上举行集体祭祀，并做汤圆共食。第三天，道公师公到各家各户驱邪降福，并给主家一张平安符，主家将符纸贴在门楣上即基本完成仪式。

3.中元节

中元节是一个祭祀性节日，俗称"鬼节"，颁桃人将之视为重大节日之一。在每年的农历七月中旬，颁桃人持续多日进行祭祀活动。家家户户提前做五色糯米饭、杀鸡宰鸭，每天在神龛点上蜡烛、高香，供桌摆上米酒、鸭子、粽子、糍粑和各色果品进行供奉。农历七月十四当天的祭祀活动最为隆重，人们设好香案，一边颂念祖先名讳一边焚烧纸衣、纸鞋、纸钱，有的人还会在祭品上写祖先姓名，祈祷祖先保佑家族兴旺发达。入夜后，人们会到路口或水边祭祀，先摆上酒和饭（或粥），再焚香烧纸。

4.祝著节

农历五月二十九日被视为瑶族始祖密洛陀的生日，是瑶族的祖娘节，他族群众称之为"瑶年"，1986年才统称为祝著节。过去，节日从农历五月二十三日持续到五月二十九日，瑶族群众提前酿糯米酒，杀猪、羊、鸡、鸭，蒸五色糯米饭，备好祭祀用品，其间每天都设坛烧香祭神祭祖，并设宴招待来访的亲朋好友。农历五月二十九日这天，瑶族男女老少穿戴盛装，一路敲铜鼓，鸣放鞭炮，吹唢呐，抬上祭品到约定场所祭祀密洛陀和祖先神。祭祀完毕后，人们还聚集在一起开展射弩、打陀螺、斗鸟等比赛，男女青年打长腰鼓、跳铜鼓舞、对唱山歌。晚上，家族人一起围桌畅饮，老人们合唱密洛陀颂歌，有的能唱一整夜。

党和政府高度重视民族传统文化的保护和传承，瑶族的祝著节这一盛大节日活动也得到了政策的支持，并于2021年被列入国家级非物质文化遗产代表性项目名录。每年祝著节大化全县人民放假三天，文化部门组织大型文体活动。其间，不仅有政府部门牵头举办的歌舞文艺演出、民族风情展示等节目，还有群众自由山歌对唱、自由竹竿舞等活动。在射弩、打铜鼓、打陀螺、碰蛋等瑶族传统民俗趣味活动的基础上，近些年还增加了广场舞比赛、舞龙舞狮、抛绣球、三人板鞋竞速、篮球赛、拔河等丰富多彩的活动。

风俗习惯是区域社会约定俗成的规范，对人们的思维方式和行为方式具有潜移默化的影响。颁桃村的人生礼俗是颁桃人在长期的社会生活中形成的"规矩"，是维持村落生活和人际关系的"礼"。

"礼"贯穿颁桃人的日常点滴,贯穿颁桃人的一生。不过,显然颁桃村的礼俗并非固定不变,而是随着社会的发展而不断变迁,具有时代性和地域性等特性。

(八)能工技艺及其变迁

在颁桃村,几乎人人都有些傍身的技艺,至今流传着多种古法工匠技艺,如锻造、竹编、木工、裁缝等。颁桃村制作的器物基本是为了满足日常生活及生产劳动的需要,因此多巧而不工。

锻造俗称打铁,一般是制作生产用具,如镰刀、禾刀、锄头、踏犁、牛犁、铁耙、铁锹、铁铲、打谷机、风谷机等,生活用具如铁锅、铁铲、铁鼎、铁架、铁盆、铁盘等。其中,较有地方特色的是摘禾刀、踏犁、铁鼎。摘禾刀是用来收割糯稻的,单手抓握,小巧、锋利。踏犁是翻地用具,由犁铧、脚踏、犁柄和扶手组成,古朴、轻便。摘禾刀和踏犁均是山地农业生产的智慧结晶,具有明显的地域特征。铁鼎是人们用来做饭、煮水和炖肉的器具,过去搭配铁架使用,现在多建有适宜的灶台。

竹编即用竹篾编织成各种器具。颁桃村的竹编师傅一般以编织生产生活用具为主,成品有箩、筐、篮、筛、簸箕、鱼篓、席子、躺椅、儿童座椅等。此外,还有会制作竹制祭祀用品的师傅,成品有花桥、纸马、幡、船等。颁桃村的竹编生产生活器具形制简单、造型朴拙,竹编祭祀用品则带有浓郁的少数民族特色。

木工是对木头进行加工的技艺,在颁桃人的生产生活领域广泛运用。例如,建筑的建设和装修,家具和农具的打制,甚至各类祭器的制作等。颁桃村的木工作品以简单、朴拙、大方为主要风格,仅在一些庙宇建筑、祭器和作为商品出售的桌椅、台凳、笼箱等物品上雕刻精美花样。

裁缝是对布料进行加工的技艺，一般裁制衣裤鞋帽、窗帘桌布、床单被套等。过去，裁缝是颁桃村姑娘基本都会的技艺，身上穿的、家里用的布制品无不自足，甚至裁缝技艺还作为考验姑娘是否心灵手巧的"科目"。受市场经济的影响，现在颁桃村虽然还有人掌握裁缝技艺，但基本以制作流行的服饰款式为主，很少缝制传统民族服装了。

刺绣是以各色丝线在布料上绣出图纹样式。颁桃村的壮、瑶两个民族都有擅长刺绣的女性，她们在黑布、白布和蓝靛布上绣出自然界各种动植物图案。其中以瑶族女子盛装最能彰显瑶绣技艺，上面往往绣有精美的山川河流、祥云瑞兽和多彩花边，成品古朴大气。该项技艺受市场经济冲击较为强烈，现颁桃村中已很少见。

酿酒是颁桃村家家户户基本都掌握的技艺，粮食酒、水果酒、药酒均有酿造。粮食酒常以大米、糯米和玉米等为原料，水果酒以葡萄、梅子和桑葚等为原料，药酒则常以名贵中药或较难获得的毒蛇虫蚁为原料。过去，颁桃人以家酒待客来表达欢迎和亲近之意，古法酿造工艺现在仍有传承，不过年轻一辈的聚会已经以喝啤酒甚至名酒、洋酒为风尚了。

剪纸是颁桃村婚丧及祭祀性节日必需之物。在婚礼前夕，青年女子在女性长辈的教导下裁红纸做喜字及各种含吉庆寓意的图案。丧事场合，道公麽公裁纸做灵幡、符咒和挽联等，并指导主家女眷裁制纸衣、纸鞋、纸房、纸钱、纸元宝等。在"三月三"、清明节、中元节等祭神祭祖时，颁桃村女眷也要裁纸衣、纸鞋、纸钱等作为祭品。该项技艺因为每年有很多机会使用而不至于失传，但很多成品都在圩市能买到，在市场化浪潮的冲击下，会的人已经不像过去那么多了。

以上是颁桃村常见的民间技艺，除此之外，据颁桃村老人们回忆，过去村中还有人会制陶、制瓦、制糖、织染、漆艺、石工等。不过，这些技艺已经没落甚至失传。民间技艺从人们的生产生活中创造生发出来，也随着生产生活方式的变迁而不断变化甚至消失。在对颁桃村工匠的访谈中发现，他们基本都面临无人可传、产品没有市场或被淘汰的艰难处境。过去那种相对封闭的、单线的传承环境已经改变，民间传统技艺如何适应新的知识传播方式以及审美的现代化和繁复化，是传统手工匠人迫切需要解决的问题。

可见，桂西北地区民间文化是多种元素相互交织、相互影响的，它们依附于服饰、饮食、建筑、方言、民间信仰、礼仪习俗等载体之中。客观上来说，语言、民间信仰、礼仪习俗等的延续在一定程度上缓解了乡村证史载情的文献史料贫乏的困境。偏僻的山村在语言、礼仪、习俗等方面均有着鲜明的中华传统文化的印记，是中华民族文化向心力、吸引力的具体表现，也是继承和弘扬民族优秀传统文化、加深民族认同感和归属感、建设共有精神家园、铸牢中华民族共同体意识的有效途径。推进边疆民族地区的文化挖掘、整理、研究及开发利用是一项迫切而必要的工作，在各地都在积极探索民族传统文化传承与保护的新空间和新路径的今天，桂西北作为边疆民族地区更应借此东风推进各山村文化发展的新时代构建，使原生态的本土文化得到较好的保护与利用，推动优秀传统文化的复兴与发展。

二、本土文化的特点、发展趋势与挑战

一个村庄的历史文化是全村人共有的精神财富，也是全村人共同的精神家园。颁桃村的文化是颁桃人在世世代代的生产生活中积累的世界观、人生观、价值观的重要体现，蕴含有热爱祖国、团结互助、与人为善、讲信修睦、自强不息等朴素的处世哲学。长期以来，相对封闭的自然和社会环境使颁桃村的文化得以相对完整地流传下来。随着时代的变化，以及受社会思潮影响的程度加深，颁桃村的文化也在不断地发展变化。

（一）颁桃村文化的特点

颁桃村的文化与各大历史文化名村相比，在历史底蕴上略显单薄，在区域文化中的典型性也不够突出。然而，它也不乏内容的丰富多彩、内涵的深刻和影响的深远，具有鲜明的民族特征和山地文化特征。

1.民族特征

颁桃村文化的民族特征在精神文化方面的表现较为突出。首先，在颁桃村民间信仰体系中，壮、瑶两个民族的创世女神占据非常重要的地位。其次，在颁桃村歌圩中，大部分歌曲都是用壮语、瑶语等方言呈现的，人们认为只有用方言才能较快地思考并对出好的歌词来，唱出来的歌也较能准确地表情达意和对味。大型歌圩活动中的舞蹈是对祖先故事、生产劳动、社会生活的舞台化呈现，特别是舞蹈中的舞姿和伴奏乐器等均具有突出的民族特征。而颁桃村地名文化中的民族特征更是一目了然，基本都是用汉字记少数民族语音而得来的名字。

2.山地特征

颁桃村文化的山地特征集中体现在物质文化方面。一是颁桃村的饮食文化具有鲜明的山地印记。颁桃人"靠山吃山，靠水吃水"，一饮一啄无不从山地中来。从历史时期的狩猎采集，到农耕时代的以玉米等为主要作物，都是人们对山地环境的探索和适应。近些年由于人们对长寿的渴求，颁桃村所在的桂西北地区顺应群众所呼，推出了一系列地理标志鲜明的农产品，以粗粮、粗加工为特征的颁桃村饮食文化已突破地理范围限制被更多人接纳。二是颁桃村的居住文化具有鲜明的山地文化色彩。颁桃村的传统建筑大量使用山地所产的石料竹木，特别是干栏式民居，基本与当地的自然山林环境融为一体。而民居普遍设置的一楼架空层则能在大石山区的地理环境中，起到防潮和防虫蛇的作用，并能就近保护家禽家畜等财产。三是颁桃村的道路和村落形态严格受制于自然地理环境，具有鲜明的地域特色。即使用上了挖掘机等施工器械，颁桃村的道路依然少有笔直的，更多的是盘山路、穿山路。而颁桃村自然屯的分布虽然与过去比起来显得集中了一些，但屯与屯之间受限于自然条件无法如城市规划那样齐整。

3.开放包容

在颁桃村的文化底色里，农耕文化和采集狩猎文化长期共存。发展到现在，颁桃人依然秉持开放包容的态度，在饮食、民居、服饰等物质文化方面均大量吸收了符合主流卫生健康理念的非本土文化。而在精神文化方面，颁桃村的每一种信仰都不是保持原样流传至今的，本土的神与佛教的因果报应思想，道教的神灵、教义教规和仪式，还有儒家的政治思想、社会秩序架构和伦理道德观念深度融合，造就了颁桃村的神灵体系和祭祀仪式。颁桃村歌圩不断融合传统文化和现代文化，其核心功能从祭祀、择配逐渐转向开展民俗文化宣传和发展经济，以符合现代审美、精神和物质需求。而颁桃村壮汉双语结合的地名，也为人们所接受并应用于日常生产生活之中。

（二）颁桃村文化的发展趋势

1.本土文化自觉

过去，大多数的颁桃人对于自身的历史文化处于"日用而不觉"的状态，也鲜有人对自身的文化进行系统性的整理总结和价值挖掘。改革开放以来，颁桃人得以较为容易地走出村寨谋生，村外的信息也得以较为迅速地传入村中，对本土历史文化产生了巨大的冲击。

人们对本土历史文化的重视力度有所加大。根据对颁桃村干部、小学教师、手工艺人、道公戏师公戏传承人等人的访谈，发现越来越多的颁桃人认识到本土历史文化的存在、作用和处境。他们之中大部分人明确表达对歌圩文化、建筑文化、民间技艺等本土文化传承的忧虑，也能认识到自己肩负的使命和责任。而从2018—2023年对颁桃村小学生的跟踪调查可见，青少年儿童群体在家长的带动下会参与村屯的各类民俗节庆活动。本土文化的觉醒对提升颁桃人的文化自信有巨大的帮助，在针对传统节庆"三月三"的随机调查中，人们对是否准备有传统祭品和食品的回答都是肯定的。不过，人们对这些节庆的来由和价值却知之甚少，表明颁桃人的本土文化觉醒并不完全。

人们也逐步开始对优秀本土文化进行整理和传承。过去，颁桃村很少有人识字，祖先故事、家族源流、历史传统、生产技术和生活知识等只能通过口耳相传。近20年来，颁桃村陆续有家族开始修纂家谱族谱。目前搜集到的颁桃村族谱开篇几乎都在尽可能地追溯家族始祖、祖先迁徙历史，并搜录祖先故事传说。有的谱牒还对姓氏来源、宗支班辈、婚配及子女情况等事项进行记录。通过族谱的修撰、记载和流传，本土历史文化在客观上得到了一次大梳理。颁桃人也十分重视对传统村规民约的修订和执行，成立有禁毒会、道德评议会、红白理事会等村民自治组织，以维护良好的社会风气。人们也重视通过生产生活知识、乡土情感、风俗习惯等传统力量来维系乡土社会的运转。

2.与社会主义先进文化的融合

随着普通话、电视、智能手机和电脑的普及，社会主义先进文化现已成为颁桃村的主流文化，颁桃村的农家书屋、公告栏、文化墙、广播电视、学校等公共文化场所都是它的宣传阵地。颁桃村部分优秀的历史文化逐渐与之融合，开始创造性转化和创新性发展，获得更高、更大的发展平台。

一是颁桃村的传统农耕文化与社会主义先进文化融合，向现代化农业转型。受限于自然地理条件，颁桃村的耕地多为裸岩石砾地，土壤土层较薄，且旱地多、水田少，半山腰小地块多、平整地块少。在泥土路时代，农业生产主要依靠人力投入，仅少部分水田和稍大的地块可以使用畜力耕作。人们挖地多使用踏犁、锄头、镐头等，收获则使用镰刀、摘禾刀、砍刀等，运输全靠肩挑背扛。由于这种原始的工作方式效率并不高，人们为了抢种抢收只能加大人力投入，家里的劳动力基本都被束缚在土地上。村级现代交通系统形成后，适宜山地耕作的新型农机可以顺畅地进出颁桃村的田间地头，农业机械化程度大为提高。过去用踏犁翻土每人每天仅挖得1~2分地，有了微耕机后每小时可以翻几亩地，为农业的规模化、产业化发展提供了条件。如今颁桃村拥有规模化生产桑蚕、蔬菜、水果、糖料蔗、黑豆等的产业园,农产品商品化程度得到很大提高。

二是颁桃村的传统村落形态与社会主义先进文化融合,向更为安全有序的"三生"空间形态发展。生产、生活、生态空间功能各不相同,但互相之间在区域上有重叠。过去,干栏式建筑一楼养牲畜,二楼住人,自然屯内房屋零散分布,无法划清适种/养、限种/养、禁种/养区域,蚊蟆一团团四处飞舞,村容村貌脏乱差,对生活和生态空间影响恶劣。乡村振兴工作开展以来,人们通过危房改造和厨、厕、圈三改等具体措施进行人居环境整治,提高了生活舒适度。而种植养殖产业园区一律严格选址,远离水源地和居民区,对不符合环评要求的产业园区一律重新选址或搬离村屯,生态环境也得到了改善。

三是颁桃村传统节俗文化与社会主义先进文化融合,以获得更大的影响力和更旺盛的生命力。颁桃村等桂西北山村少数民族的"三月三"、祝著节等传统节庆已经上升为区域性的法定节假日。在政府部门主办的大型节庆活动和歌圩活动中,有许多以祖先神话传说、祭祀、劳动、人生礼仪等历史文化为基础元素的大型歌舞,在客观上推动了地方传统文化走向更大的宣传平台。一些过去被认为"封建迷信""不科学"的习俗也得到更多人的理解和接纳。比如深受颁桃人喜爱的百草汤曾一度被认为是不卫生的重口味食物,有的人委婉地称之为"异味"食品①,有的人则直接称之为"牛粪汤""羊粪火锅"。经过人们的努力,百草汤逐步与现代饮食卫生理念及

---

① 张江华:《人以为秽而彼则不訾珍错——中国西南地区一种"异味"食品的社会生活》,《民族学刊》2019年第1期。

现代摆盘艺术相结合，其原料（牛羊精选的各类无毒野草药材）、制作过程（多次过滤、长时间高温烹煮）、药用价值（治疗胃病等）以及食用历史得到宣传，这道菜也能被很多初到桂西北的人所接受。现在这一道汤品已经走进了很多地方风味餐厅。

（三）颁桃村文化面临的发展挑战

文化变迁理论认为，不同种族之间的接触会引起族群文化变迁。美国人类学家博厄斯（F. Boas）很早就注意到民族文化受外族影响的现象，认为文化间的影响不局限于周边族群。①颁桃村曾长期与外界隔着千百重山，且以喀斯特为主要地貌类型，内部地理环境被切割成许多相对封闭、破碎的小单元。因此，文化的原生态性至今仍有所保留。而随着与外文化接触增多，文化发生了变化，总体而言是本土文化通过对外文化的认同和吸收，变得更为丰富，发展得更为成熟。然而，颁桃村文化生存环境的变化，特别是家庭模式和文化生活的变迁、新旧文化的冲突等给本土文化的保护和传承带来很多困难。

1.部分真实、优秀的本土历史文化有待重新发掘

颁桃村近些年完成修撰的谱牒和民间口传的祖先故事建构痕迹尚重。一些家族在追溯源流时，往往都溯源到炎黄二帝，并普遍采用"封地或赐物为姓""避乱避难辗转迁徙落居""耕织为生""家族出过状元高官"等模式化叙事方式。细究之下，多数谱牒里的姓氏源流、祖先故事、宗支班辈等都是从别的谱牒甚至网络照搬而来，

---

① 弗朗兹·博厄斯：《人类学与现代生活》，刘莎、谭晓勤、张卓宏译，华夏出版社，1999，第134—135页。

真实的情况是怎么样的，各个家族中的老人也说不清楚。现状就是大家都认为自己祖先从中原迁来，但是何人、何时、何故、如何迁来颁桃村，却无以为证。与家族历史文化一样经历现时建构的还有上文述及的多种物质和精神文化。经历了近些年的危房改造和拆旧复垦后，颁桃村的传统民居已近乎完全消失（有些新式砖混建筑尚存一点干栏遗风），近些年直接复制样板村的项目覆盖了部分原生态民居文化景观。

2.本土历史文化传承新路径亟待探索

根据2020年人口调研数据来看，以一夫一妻制为基础建立起来的颁桃村家庭结构中以从夫居的家庭为多，共有314户，另有单亲家庭和单身户近200户。过去那种三代及三代以上同堂的主干家庭大为减少。加上儿童普遍从3岁开始便接受使用普通话教学的学校教育，青少年放学后普遍与手机、电脑和电视为伴，他们很少有聆听长辈口传历史文化的经历。显然，过去那相对封闭的历史文化传承环境已经消失，口耳相传的方式已经无法承担本土历史文化传承的功能了。

3.本土历史文化传承队伍亟待接续

思想观念上的鸿沟加剧了颁桃村新旧文化的冲突，也使本土历史文化陷入传承人难觅的境地。对颁桃村人际关系的调查结果显示，对待本土历史文化的态度是代际之间产生矛盾的重要因素。大部分青少年对本土历史文化的意义认识模糊，有的甚至怀有一些偏见。例如，有些年轻人已经不会说家乡话，他们基本都在外地工作生活，歌圩等重要文化活动只剩老年人在撑场子。而在宴客方面，与杀牛宰羊辛苦准备百草汤比起来，年轻人普遍认为到高档餐厅请客搓一顿更有面子。

有学者提出，无文字编码的传统会被有汉字编码的传统取代、遮蔽①。对身份记忆和乡土记忆等的篡改建构，会舍弃和掩埋真实的本土历史文化面貌。精英文化的冲击、人们思想观念的改变、传承环境的消失及文化娱乐的丰富多元，部分优秀历史文化的湮灭似乎已是必然。随着口头文学的衰落、年长者的逝去，历史真实到底是怎样的，后人更是无从得知了。文化是人民群众智慧的结晶，是民族之魂。在对桂西北山村文化的保护传承与开发利用的过程中，还呈现开发与利用方式较为单一等问题，应进一步探索建立"见人见物见生活"的乡村文化保护传承路径，提升文化资源的社会效益和经济效益的转化率；特别是挖掘本土文化所蕴含的命运共同体思想，使之成为"民族的""世界的"。

三、文化振兴的深化路径

颁桃村乡土文化的保护和传承困境是普通村落已经遇到或将会遇到的问题。提出问题绝不等于反对村落文化的发展进步，人们有权利且应该创建文明和谐的乡村文化环境，也有权利且应该加入共享文化发展成果的行列。但知来处才能明去处，党的二十大报告要求"加强城乡建设中历史文化保护传承"，为普通村落历史文化问题的处理指明了方向。笔者窃以为至少有以下工作亟待开展：

（一）建立村落历史文化的现代价值实现机制

1. 摸清村落历史文化的家底

历史文化的摸底过程是人们对自身历史文化的一次大搜集、大筛选、大整理的过程，也是村落文化振兴的基础工作。村落历史文

---

① 叶舒宪：《中国文化的大传统与小传统》，《党建》2010年第7期。

化工作千头万绪，应有组织和计划地开展推进。一般而言，村落历史文化工作队伍的组建以村"两委"为基础、以村民小组为单元，全村参与。首先是对本土历史文化的现状、种类、数量进行盘点。盘点的内容包括全村的碑刻、纸质文献、口头文献、传统技艺、民俗风情、乡土知识等。其次是对本土历史文化进行梳理，理顺其发展脉络，挖掘其文化特质。同时，建立历史文化价值核算体系，摸清其历史价值、科学价值、社会教育价值和纪念价值等，为后续相关工作奠定坚实的基础。

2.促进村落历史文化的现代价值转化

对村落历史文化的管理、利用和更新的过程即是人们对本土历史文化的保护和传承的过程。有学者已注意到历史文化在新时代乡村建设中的价值，并致力于对其价值的实现路径进行探讨，包括传统文化的创造性转化[1]、红色文化的利用[2]以及非遗赋能[3]等方面。这些研究虽然是对典型文化资源的讨论，但对普通村落历史文化资源现代价值的开发利用也有一定的借鉴意义。作为普通村落，一是要促进本土历史文化在文化振兴中的价值转化。发挥本土历史文化在家庭教育中的优势，并融入学校教育和职业教育之中，促进良好家风和村风民风建设。开展全域文化景观建设，以现有的山川河道、传统村落形态为底图，将历史文化符号融入景观提升、文化墙建设、楼道点缀等工作之中，营造历史文化氛围，打造乡愁景观名片。二

---

[1]　张国梁、吴螺、魏运才：《齐鲁传统文化在现代乡村振兴中的创造性转化研究》，中国商业出版社，2022。

[2]　蒙光燕等：《乡村振兴背景下红色文化的活化路径探析——以桐庐县新合乡红色革命老区为例》，《智慧农业导刊》2023年第18期。

[3]　李燕琴：《中国非遗传承与发展笔谈——非物质文化遗产赋能乡村振兴的有效路径与实践创新》，《云南民族大学学报（哲学社会科学版）》2023年第5期。

是促进本土历史文化在乡村产业振兴中的价值转化。推进本土地理标志产品认证，挖掘其历史文化内涵，形成融入本土历史文化元素的金字招牌产品。运用民俗节庆、歌圩、农耕游猎等历史文化，营造具备松弛感的、健康养生的、高品质的消费场景。三是发挥本土历史文化在区域文化建设中的作用。村落历史文化作为区域文化的细胞，可以充分呈现地域文化的内涵和细节，其特色之处甚至可以作为区域文化的补充和外延。村落历史文化应当主动融入地域文化建设之中，并与之形成互补和良性互动的关系。

（二）建设村落历史文化的平台载体

1.线下实体平台建设

线下实体平台包括村史馆、生态展示馆、非遗展示传承基地等乡村博物馆类平台的建设以及村史村志的修撰，打造村落存史、育人及寄托乡土情感的实物载体。该项工作对于普通村落来说，最困难的是史料的搜集。大部分桂西北山村都和颁桃村一样很少甚至没有百年以上的碑刻、家谱、族谱及其他实物文献资料，这对村落历史文化的调查与研究造成困难。有研究者提出："除了文物古迹、传统节口、民间习俗等大家公认的文化遗产，农村博物馆还应当把整个农村的文化景观都纳入工作视野。"①像颁桃村这样的村落也只能以耆老口述资料、家传老物件、有文字符号的各类旧书（如科仪书）等作为文物文献的代用资料。在这个过程中需要广泛发动群众，配合村史、家族史、民间信仰、四时节庆、方言文化等田野调查工作，

---

① 季晨：《苏南农村博物馆研究》，博士学位论文，南京师范大学考古学，2020，第122页。

以尽可能地充实文献资料。在成果展示方面，要将移动互联网、人工智能、全息投影、智能语言（含方言等多语）导览等科技与展陈结合起来，形成可视化、数字化的展陈模式，提升村史的叙事能力，带来沉浸式的审美体验，唤起村民的文化自豪感和保护欲。另外，村史馆等场馆日常可作为农村公共文化服务体系的一部分与中小学校及各类自治组织联合举办以历史文化为主题或底色的活动，发挥其文化承载和传承功能，赋能乡村文化振兴。例如举办民间手工技艺体验活动、青少年研学活动、长寿老人健康讲座活动等，以此吸引村民加入村史馆的日常管理工作之中，提高村民的历史文化工作参与度。

2.建设数字化平台

随着信息时代的到来，历史文化的保护和传承也逐步走向数字化。村落历史文化数字化可以突破时空限制，随时随地进行直观、清晰、动态的展现。首先是历史文化公共云平台的建设，包括数字博物馆和网络歌圩。数字博物馆在各公共博物馆基本已经实现，能对展品进行数字化和云存储。网络歌圩诞生于2005年春节桂龙网举办的"八桂歌圩"网络山歌擂台赛，论坛、QQ群、微信群等均成为网络歌圩的举办平台。网络歌圩为外出的人参与歌圩活动提供了条件，每年农历三月初三，网络老梗"我要请假回村唱山歌，没有我，我们村会输"都会成为热搜。虽然这只是大多数年轻人的调侃，但也在一定程度上反映了他们对历史文化活动的关注。其次要对以历史文化为主题的直播、公众号、短视频等个体用户进行引导。近年来，以乡村生活、乡村美食、乡村技艺为题材的直播和短视频风靡网络，在收获了大量流量的同时，"翻车""塌房"案例也屡见不鲜，需要对其进行正确的引导，防范意识形态风险，让其在合法合规的框架下运营。

（三）打造村落历史文化传承队伍

村落历史文化传承人基本上以人才内育为主、引才入村为辅的方式进行培养。首先要建立本土历史文化人才库。大力发展山歌队、舞蹈队、天琴队、匠心队等民间历史文化组织，通过这些组织吸收乡村历史文化的行家里手，并通过以老带新的方式培养传承人，储备后备干部。同时，通过高等院校对本土"存量"人才进行专业技能的提升，培育文化振兴实用人才。其次要配强本土历史文化传播队伍。从人才库中选拔本土历史文化的"专家教授"，重点从基础相对较好、较有威望的文化产业能人中培养，打造敢闯敢干的历史文化传播和创新队伍。此外，还要进一步丰富本土历史文化传承方式。除了家庭教育外，依托现有的农家书屋、学校、村民文化广场、广播等阵地开设一批乡村文化振兴课程，并同步在抖音、小红书等平台开通网课。除了传统的口传方式以外，还可以尝试文旅产品研发、融入课堂教育、开设课后研学和亲子活动等方式，以激发年轻人的参与热情。

乡土文化变迁是经济社会发展的必然结果，桂西北山村在传统与现代的衔接过程中，本土文化随着生存发展的土壤改变而变化。在正视、遵循文化发展的客观规律的同时，如何平衡文化的原生态性保护与现代价值转化之间的关系，是桂西北各山村共同面临的时代课题。而这些普通山村相对于历史文化名村、民族特色村寨、传统古村落来说，往往会遇到它们是否拥有文化、有什么样的文化、有什么价值等问题。这些问题不明，则无从谈乡村文化振兴。由于它们的文化在区域内不具备突出的典型性和特殊性，鲜有可挖掘成为文旅产业的文化景观，也没法享受历史文化名村的各种政策，因不具备学术研究优势常为学界所规避，有部分文化因为价值判断问题已经在新农村建设中逐渐被覆盖、被舍弃。我们理所当然地认为，每个村落的文化都是平等的，都是一方群众赖以寄托乡愁的精神家园，都是汇入中华优秀传统文化的清澈溪流。然而，桂西北地区普通山村的文化保护和传承工作复杂、艰难、迫切，不仅需要党和政府政策的支持，还需要社会各界的支持。而更重要的是作为普通山村历史文化的传承者、使用者以及再创造者的本村人，不仅要重视本土文化，也要采取相应的行动，肩负起保护和传承本土文化的使命和任务，助推本土文化实现创造性转化和创新性发展。

第七章　从颁桃村到桂西北诸山村

本书对颁桃村个案的深入探究不仅试图达到质性研究的深度观察和分析，而且尝试努力跳出个案地理空间范围揭示桂西北地区山村的共同性问题。学界已就"如何走出个案"的方法论研究形成了丰富的成果，常用的处理办法有类型比较法和拓展个案法两种。类型比较法是费孝通先生率先提出并进行实践的中国农村研究方法。他通过对江村、禄村、易村和玉村等由于所处条件不同而类型不同的中国农村或社区进行对比研究，以达到对中国农村的尽可能全面的认识。拓展个案法由美国社会学家布洛维（Michael Burawoy）倡导，通过反思性科学的介入，展开宏大叙事和微型社会双视角的交互审视，得出具有一般性意义的概括或推论，从而实现从个体走向整体。拓展个案得到了学界高度的认可和诸多实践，也较为适用于颁桃村个案的研究。因此，本书通过将桂西北地区一个村级空间的生态、族群、政治、经济、文化等内容置于人地互动、族群互动、城乡互动、央地互动等较大的视域下，完成个案拓展的宏观、微观因素的综合考察，以深入理解桂西北山村变迁与振兴问题。

一、颁桃村发展变迁研究的逻辑与结论

本书第一章先对颁桃人活动的"舞台"——自然环境进行探究。从社会生产生活的角度审视颁桃村的生态条件，梳理颁桃村人地关系相互适应、对环境的大规模改造和探索人地平衡之道的历程，结合乡村振兴的工作要求提出立足本村实际制定规划设计，强化政策执行和市场导向的生态振兴深化路径。本书认为，颁桃村的自然环境局限对当地社会发展有制约作用，但其本身也不断被人类智慧识别、规避乃至破除，走出环境决定论（environmental determin-ism）的认知束缚，回归人地互动过程的客观存在，有助于我们理解制约该村经济与社会发展的真实原因，以提升乡村振兴相关政策执行的力度和温度。

第二章对颁桃村的本体——人群及族际关系演进历程进行探究。在自然屯基础上人为划定的行政村颁桃是多民族共居的地理空间，族际关系建立在拥有多族群活动历史、同出中原的祖先记忆以及村落形态从离散演变为聚合的基础之上。通过考察发现，颁桃村各族互嵌式分布格局已经形成，民族身份、语言、社会生活等方面的族群边界逐步消除，新型民族关系正在构建。对此，本书认为深化民族交往交流交融，推动颁桃村民族工作高质量发展的路径在于促进各族经济共同繁荣，根植平等、多元、包容的文化理念，增进理解、消除民族刻板印象。之后各章即是在前两章认识的基础上对颁桃村的组织振兴、人才振兴、产业振兴和文化振兴等具体问题展开讨论。

学界普遍认为，治理是人类政治发展和政治文明进步的产物，是或公或私的个人或机构经营管理相同事务的诸多方式的总和。第三章的实证研究表明，农村治理是多元主体的互动过程，颁桃村的

治理主要由自治、法治和德治等力量推动，只不过群众赖以行使自治权的自治组织日趋规范化和制度化，国家治村力量逐步深入到户到人，而以孝治为基础的传统德治力量悄然更新。对此，本书认为，多方治村力量的互动共振有助于颁桃村的组织振兴乃至治理现代化，需要通过加强党对治村工作的领导、加强村级自治组织建设、整合国家治村力量和推动乡风文明等措施构建多力共建共治格局。

第四章对农村发展的关键人才问题进行讨论。颁桃村在本土优质人力资源大量外流、引进人才难留的境况下，依赖本村中老年人以及少许经政策引流入村的人才推进乡村振兴，初步形成教育培训内育为主、外引为辅的人才工作格局。然而，无论是学校教育还是短期实务培训的人才培养均存在诸多局限，人才引进工作也遭遇重重困难。基于此，本书提出颁桃村的人才振兴，不仅需要探索建立学校育才的多力共推机制，还要学习先行先试地区已实证有效的人岗分离、互联网智库等引才进村模式，促进城乡人才自由双向流动，并通过强化村校互动打造全体村民终身学习的平台，不断提升人才引育能力。

第五章围绕农村发展的核心经济问题进行讨论。在新的历史坐标下，颁桃村的传统山地农业向规模化、机械化、集约化、数字化方向发展，食品生产加工和建筑等第二产业从家庭作坊式的手工业逐渐发展壮大，而以商业和服务业为典型的第三产业也得到了发展。然而，颁桃村产业同质化、市场经济适应性差、内生动力不足、风险防范化解能力低等问题也逐渐凸显。因此，本书提出以深化城乡经济互动推动颁桃村产业振兴，强化党对产业振兴工作的全面领导，厘清发展逻辑、叠加政策作用，重塑乡村经济地理，打造城乡产业协同发展平台，不断为产业发展提供动能和契机。

文化是农村的灵魂，同时也是基层乡村社区建设共有精神家园的有效媒介。通过第六章的讨论可发现，颁桃村本土文化依托方言、饮食、民居、民间信仰和礼仪习俗等载体流传至今，具有鲜明的民族特色、山地文化色彩和开放包容等特征，呈现出本土文化自觉以及与社会主义先进文化融合的明显趋势，同时面临部分文化被覆盖和舍弃、传承方式落后、人才队伍青黄不接的困境。因此，本书提出深化央地互动推动颁桃村的文化振兴，在遵循文化发展客观规律的基础上，探索建立文化现代价值实现机制，打造村落历史文化的新平台载体和传承队伍以推动乡村文化建设，使之实现创造性转化和创新性发展而成为"民族的"和"世界的"。

囿于资料局限，本书总体上详今略古地论述了颁桃村的生态环境、历史民族、社会治理、人才工作、经济发展和文化变迁，仅能从大体上描绘颁桃村从模糊到清晰的历史轨迹及其在当前大环境下的处境。本书研究结果显示，颁桃村虽然是一个普通的偏远山村小场域，但其发展变迁经历了精彩复杂的过程。推动颁桃村产业振兴、人才振兴、文化振兴、生态振兴、组织振兴落地生效，也是人地、族际、治村力量、城乡、内外和央地等关系重构并走向深化的过程。对这几组互动关系的调适，是颁桃村各方面事业向乡村振兴"产业兴旺、生态宜居、乡风文明、治理有效、生活富裕"的总要求迈进的必要举措。《中共中央 国务院关于实施乡村振兴战略的意见》指出："在中国特色社会主义新时代，乡村是一个可以大有作为的广阔天地，迎来了难得的发展机遇。我们有党的领导的政治优势，有社会主义的制度优势，有亿万农民的创造精神，有强大的经济实力支撑，有历史悠久的农耕文明，有旺盛的市场需求，完全有条件有能力实施乡村振兴战略。"颁桃村和众多桂西北地区山村正处于这个新的历史坐标之上，各村基础深浅、起步早晚和步履快慢不同，在具体的实施路径上或许存在些许差异，但依然可以在实践中互相讨论、参考、借鉴。

二、颁桃类型山村发展变迁的特征与启示

费孝通先生认为："把一个农村看作是全国农村的典型，用它来代表所有的中国农村，那是错误的。但是把一个农村看成是一切都与众不同，自成一格的独秀，sui generis（独特的），也是不对的。"[1]因此，他提出了类型（Type）概念，认为："相同条件形成的相同事物就是一个类型。同一个类型里的个别事物并不是完全一样的，类型不是个别的众多重复，因为条件不可能完全一致的。"[2]类型概念的提出是对个案研究结论适用范围（也即有限性）的框定。因此，费老在对全国各地农村经济发展路子的调查研究中，将这些超越行政单元的经济发展区域进行地理空间的再划定，总结出了"苏南模式""温州模式""珠江模式""民权模式""侨乡模式"等多种类型。[3]本书的研究个案颁桃村放在整个桂西北地区来看，与别的山村相比并没有太多与众不同的地方，这赋予了颁桃村在该区域内的普遍性意义。然而，由于地理环境和社会条件的差异，颁桃村等桂西北山村与桂东、桂中、桂南等地的农村相比则存在很多区别。我们姑且将这种类型的村落变迁与振兴路径称之为"颁桃类型"。

---

[1]　费孝通：《缺席的对话——人的研究在中国——个人的经历》，《读书》1990年第10期。

[2]　费孝通：《缺席的对话——人的研究在中国——个人的经历》，《读书》1990年第10期。

[3]　费孝通：《农村、小城镇、区域发展——我的社区研究历程的再回顾》，《北京大学学报（哲学社会科学版）》1995年第2期。

（一）颁桃类型的特征

1.滞后性

颁桃村自见于地方志书记载以来，村落的经济与社会发展水平就落后于国家农村发展的平均程度。学界普遍认为，自然条件局限、基础设施差、生产方式落后、劳动力流失、市场适应性不足等均是造成桂西北山村发展缓慢的因素。而随着生产技术的进步和生计方式的多元化，颁桃村等桂西北山村的发展受自然环境的制约程度减弱，基础设施建设、就业渠道拓宽和数字经济等方面工作的推进也为它们的发展提供了新的动能，在2020年这些村落终于全部摘掉了贫困帽。如今，颁桃村等桂西北山村的发展已取得了质的飞跃，但是发展的速度和水平与广西大多数农村相比依然较为滞后。桂西北山村正在开展的巩固拓展脱贫攻坚成果的工作也属于追赶全国甚至是广西农村平均发展水平的阶段，不仅要挖掘资源特性、统筹各类政策资金以制定科学合理、长短期收益相结合的发展规划，还要注重改革，增强内生发展动力，为发展注入源头活水，促进结构升级。

2.政策性

即使是处于偏远山区的农村，颁桃村等桂西北山村的发展变迁过程也会受到国家政策的影响，其影响力度的大小决定于央地关系的强弱。颁桃村百年以上的发展历史虽然无法在现有的文献基础上复原详细细节，但毋庸置疑的是颁桃村每一次重大的社会发展变迁都与政治变革、国家治理政策息息相关。例如，历史时期的颁桃村从总体历程来看实行的是央地上下双轨制，郡县制、土司制度以及改土归流等国家政策的施行都对颁桃村产生了影响。特别是解放以来，颁桃村从建村到脱贫再到振兴，每一次成长变迁都是在党和国家的农村政策推动下实现的。颁桃村的自治组织不断走向制度化，法治深入家户，社会事业日益完善，种种迹象表明它的发展已被纳入国家治理现代化体系之中。作为后发展地区的农村，颁桃村的发展缓慢、滞后，如非有党和国家政策的大力支持，乡村建设和发展根本无法在短期内取得今天的成就。总体而言，桂西北山村作为后发展地区的农村，它们的发展轨迹是国家对广西，特别是桂西北地区农村治理历史的缩影。特别是新中国成立以来，桂西北山村迭经公社改村、改革开放、家庭联产承包、精准扶贫等历史大事件后，村庄内部和肌理均发生了剧烈变动。可以说，国家政策的引导在颁桃村等桂西北山村的发展演变过程中起着关键性的作用。

3.自主性

人民群众是历史的创造者，颁桃人在颁桃村的发展变迁过程中发挥着主体性作用。颁桃村的农村治理以自治为主，经过了漫长的历史阶段，并发展成今天的自我管理、自我教育、自我服务的群众性自治组织来推动村庄走向未来。颁桃村的生计方式从游猎采集并重发展到以农耕为主、以离村谋生为主和农耕为辅，再到农工商多种方式复合，直至产业振兴，这是颁桃人自主性和创造性实践的表现，也是颁桃人首创精神的具象化。建党百年来，颁桃村从内到外发生了天翻地覆的变化，特别是在全面建成小康社会征程上取得了丰硕成果，主要是依靠颁桃人民在党的领导下自主创造、艰苦奋斗出来的。正在实施的乡村振兴工作是国事，更是颁桃村的家事，中共中央、国务院印发的《乡村振兴战略规划（2018—2022年）》指出，要"坚持农民主体地位。充分尊重农民意愿，切实发挥农民在乡村振兴中的主体作用，调动亿万农民的积极性、主动性、创造性"。只有在乡村振兴工作中坚持走群众路线，紧紧依靠当地群众，不断提升本村人的参与度，让人们尽情发挥创造力，放开手脚大干，才能为伟大事业提供源源不断的内生发展动力。

（二）颁桃类型的启示

1.正确处理山村发展历史和未来路径的关系

尽管过去普遍被用于解释区域社会发展变迁的"中心—边缘""城市—农村""传统—现代""宏观—微观"等二分法理论分析工具的弊端已被学界广泛阐述，但我们在对桂西北山村进行个案研究时仍然无法忽视这些客观因素对村落的影响。在搜集资料的过程中，我们发现即使是从未离开过桂西北地区的颁桃本村老人，当他们站在主位（Emic）视角解读颁桃村的历史并思考未来发展路径时，也会陷入反思性思维。这也难怪，站在桂西北山村内部视角来看，如何结合自身实际抓住政策机遇实施乡村振兴，是从相对封闭的小区域社会融入国内国际发展大格局的过程，自然无法避开城乡、宏微观甚至中心边缘关系问题的讨论。本书对颁桃村进行个案研究，目的是探究整个桂西北地区山村特别是后发展村落的现代化转型路径问题，当然也不会回避历史基础与未来路径的讨论。毕竟，全面推进乡村振兴是在国内外新形势下针对我国乡村总体发展水平和客观发展需求提出的，作为具体的农村在实施这一战略时只有建立在对自身资源禀赋和过往发展历史的理性认识之上，才能吃透政策创新落实。从这个意义上来说，这些关系在山村发展问题上是统一的，乡村振兴不是无源之水，只有从历史出发，桂西北山村的未来才能走得稳、走得远。

2.正确把握山村发展路径的差异性与共同性规律

辩证唯物主义认为，矛盾的普遍性和特殊性是统一的，这对于桂西北山村的乡村振兴实践具有重要的理论指导意义。首先，要在历时性维度上正确认识桂西北山村发展的历史基础和客观现实，结合具体实际制定规划设计，分类施策，提高精准度，在尽力而为的基础上量力而行，坚决不搞一刀切和形式主义。即使是同处于桂西北地区的山村，村落之间的乡村振兴路径必然存在差异性，这是桂西北地区千村千面、千村千情的历史和客观现实决定的。其次，从共时性维度上正视桂西北山村自身发展和全国大多数乡村之间的客观差距，准确理解和掌握国家农村相关大政方针的导向性意义，聚焦问题和弱项，强化措施补齐发展短板，不断自我革新、奋起赶超。再次，是辩证看待区域内名村的效应。名村之所以成为名村，在于它们在一定地域范围内具有特殊性，将之作为乡村建设工作的典型个案，较容易取得突破，且对其所在区域的农村具有示范效应。与此同时，名村示范效应也是双刃剑，即名村的发展成效在一定程度上拉高了区域整体的水平，而对普通村落则会产生一定的晕轮效应（Halo Effect）。这种"示范效应"的悖论在于，区域内的普通村落特别是后发展村落并不具备名村的资源优势，在实操层面实难复制它们的发展路径，更不可盲目照搬照抄其发展经验。当然，这不等于桂西北山村之间在发展问题上没有可以交流之处。

3.正确理解桂西北山村发展变迁的群众性力量

通过对历史的考察并结合既往研究来看，农村有自己的发展逻辑和规律。当地人民群众书写了农村的历史，实践着农村的生活，也将创造农村的未来。因此，在桂西北山村的发展问题上，当地群众才是主体和主角，尊重当地发展逻辑，正视其发展的客观规律，有助于推进农业农村现代化转型走向成功。我们党曾经依靠当地群众建立了左右江革命根据地，成功地领导了桂西北地区群众开展工农武装割据运动；也曾依靠群众打赢了脱贫攻坚战，开启了乡村发展新的篇章。历史和现实充分表明，只有站稳人民立场，才能在具体的工作中充分地相信群众、紧紧地依靠群众、紧密地团结群众、有效地组织群众。这是桂西北山村的乡村振兴事业取得胜利的根本保障，也是众多桂西北山村发展的出路所在。

三、桂西北山村发展问题的延伸讨论

区域社会研究以基本的自然和人文环境为准则，将相对一致性和同一性的地理、经济、文化等因素作为划定范围的依据[①]，往往超出固定的行政区划边界，形成一个具有共同性特征但边界模糊的研究空间。桂西北地区虽然不是一个特定的行政区划单元，但该区域社会内的山村在自然地理、历史文化、政治经济等方面呈现诸多共同之处。荷兰历史地理学家威廉·冯·申德尔（Willem van Schendel）将包括桂西北地区在内的中国西南与东南亚高山边疆地区用东南亚山民常用语"赞米亚"（Zomia）以称之，"Zo"意为"遥远的"，"mi"的意思是人民，向传统的地区（area）或区域（region）概念发出质疑。[②]该区域建构在学界引发了热烈的讨论，并涌现出了让·米肖（Jean Michaud）等一批学术拥趸。其中尤以美国人类学者詹姆斯·斯科特（James C. Scott）为典型代表。斯科特进一步将赞米亚区域明确为东南亚的五个国家和中国滇黔桂川四省区，认为这个区域是逃避者、逃亡者或被放逐者等人群通过

---

① 张利民：《区域史研究中的空间范围界定》，《学术月刊》2006年第3期。

② Willem van Schendel, "Geographies of knowing, geographies of ignorance: jumping scale in Southeast Asia." *Environment and Planning D: Society and Space*, 20, no.6（2002）：647—668.

"地形阻力"（friction of terrain）逃避国家统治的庇护所。[1]然而，虽然他讲述的故事很有趣、观念很新奇，但是他所提供的这种地域研究思考方式却并不适用于中国西南边疆地区的实际历史进程。从本书对颁桃村发展变迁的实证研究可知，桂西北区域的山村拥有悠久的央地互动关系史，尽管自秦代划归中央王朝治理版图后直至宋代文献记载不多，但文献不记载不等于在事实上脱离了国家管理，更不会因为地处偏僻而错过参与时代历史的书写，只不过该区域与中央王朝的关系在不同的历史时期密切程度有所不同罢了。桂西北区域内各族群之间总体上保持着高度中华文化认同，并在此基础上进行长期频繁的交往交流交融。因此，桂西北地区绝非斯科特等西方学者极端抽象建构下的非国家空间。正如从事中国西南边疆研究的历史学者们所评论的那样，斯科特《逃避统治的艺术》一书"忽视了'高地社会'本身的发展进程，特别是中国西南边疆不同族群之间，以及边疆与内地之间从未间断的交往交流交融的历史进程"[2]。

自从20世纪80年代以来，学界对桂西北落后山村发展问题的关注和讨论从未停止，一代代学人接力贡献智慧。例如，庞传智和潘保兴提出了桂东南和桂西北地区协作的办法[3]，陈利丹等提出了

---

① 斯科特：《逃避统治的艺术——东南亚高地的无政府主义历史》，王晓毅译，生活·读书·新知三联书店，2016。

② 段金生、尹建东：《中国哪来的"赞米亚"？——评〈逃避统治的艺术〉》，《历史评论》2022年第5期。

③ 庞传智、潘保兴：《发展桂东南和桂西北地区协作是振兴广西经济的重要途径》，《广西师范大学学报（哲学社会科学版）》1987年第4期。

重点区开发战略等①，汤顺林等提出了通过生态建设实现脱贫②，等等。在区济文主编的《桂西北经济发展战略研究》一书中，收录了诸多学者讨论桂西北地区发展之道的文章，例如尹承勇提出的外向型经济发展策略，黄瑞儒提出的利用发达地区辐射带动作用等构想，罗文秀提出的异地开发和输出劳务等对策。③而黄承伟在《中国反贫困　理论·方法·战略》一书中则提出了易地安置、生态重建、产业化发展等反贫困战略。④这些研究不仅在学术上推动了桂西北地区发展问题讨论的不断深化，并且在现实层面为桂西北扶贫工作提供了理论支撑和实践指导，很多理念措施至今依然适用于这个区域。

　　纵观以往的桂西北山村发展研究，前辈学人们无论是进行理论架构、顶层设计的钻研，还是对具体实践措施的思考，都不约而同地致力于打通该区域与更大区域的连接。这与桂西北地区千百年来被重重大石山包围、切割的自然环境有直接的关系，也是从历史上国家对边疆民族地区治理中汲取到的经验教训，还与全社会的改革开放及经济全球化程度加深有着密切的关系。桂西北山村基本上具备山、边、少、穷等部分或全部特征，仅依靠自身的力量发展进步较为缓慢。而从扶贫工作开展至2020年实现全面小康的近40年间，桂西北山村的发展依靠党和国家的利好政策得到了大大的提速提质，

────────────

　　①　陈利丹、梁开光、苏小玲：《抓住机遇　启动桂西北地区经济起飞》，《计划与市场探索》1997年第4期。

　　②　汤顺林等：《喀斯特石山地区社会经济与生态环境可持续发展系统研究：以桂西北为例》，《安全与环境学报》2001年第3期。

　　③　区济文主编《桂西北经济发展战略研究》，广西人民出版社，1992，第273、416、443页。

　　④　黄承伟：《中国反贫困　理论·方法·战略》，中国财政经济出版社，2002。

实现了与外部世界的线上线下无障碍联通。当前，桂西北山村享有左右江革命老区振兴规划、珠江—西江经济带发展规划、西部陆海新通道、共建"一带一路"等多项利民政策，将会彻底地与更广阔的世界相连相通。山村内外互动的频繁将会加剧发展变化速度，而这些村落的未来走向正被社会各界广泛关注并引发学界热议。

黄宗智先生认为，中国曾拒绝以国际战争为主要目的的重商主义和剥削性帝国主义，也拒绝接纳资本主义体系的无限逐利逻辑，而坚守源自儒家道德观念的"仁"之道。而乡村振兴等同于将农民纳入了与共建"一带一路"类似的国际关系框架和道路之中，因此我国农村尽管面对越来越多样的城市及全球制造业和信息产业产品，但依然可以通过我国农村社区传承下来的历史经验和可资借鉴的国际经验相结合探索出一条超越性道路，那将会"展示一条改组目前全球股市霸权下的市场经济秩序的道路"[1]。黄宗智先生通过中西对比来理解中国乡村振兴的模式，增进了西方对中国推进乡村振兴的认识并促进了中国农村治理实践路径的讨论。

张孝德先生认为，乡村衰退是现代化工业文明的逻辑，而中国拥有世界上历史最悠久、最成熟的乡村文明遗产，还拥有近代以来形成的世界上最独特的乡村建设经验和智慧，应警惕乡村建设中不切合中国乡村实际、违背农民意愿、损害农民利益的盲目的现代化和西方化。[2]乡村振兴是具有中国特色的新文明之路，将对单极城市化矫正、乡村的绿色低碳发展、多样化文化复兴与生物多样保护、发展中国家跨越"文明鸿沟"并走出贫困陷阱等方面产生重大作用。

---

[1]　黄宗智：《中国乡村振兴：历史回顾与前瞻愿想》，《中国乡村研究》2021年第1期。

[2]　张孝德：《谨防美丽乡村建设盲目西方化》，《乡村振兴》2022年第7期。

因此，坚持走符合本国特色的发展道路，是中国的发展之路。[①]

　　邬志辉、徐萌在探讨乡村教育振兴路径时即大力倡导"把中国作为方法"，认为中国方法有自己内在的生成和发展逻辑，它会吸收和借鉴世界各国的有益经验和做法，并结合中国实际进行自主改造和创新发展，而绝对不是对国外的简单抄袭和照搬；它也会继承和弘扬中华优秀传统文化和成功经验，在守正中创新、在继承中发展，而绝对不是对历史的简单复古和因循；它更会在中国共产党的全面领导下坚守为人民办教育的初心与使命，发扬团结互助、协同发展、共同富裕的精神促进城乡教育一体化发展，绝对不是城市教育的一枝独秀，而是城乡教育的满园春色，充分展现新型举国体制的力量。[②]郭占锋等在探讨参与式行动在乡村振兴中的实践时提出，中西方国家在历史演变进程、制度环境、乡村社会基础等方面存在着根本差异，应结合中国城乡发展逻辑体系和乡村振兴战略的具体实践要求，探讨罗伯特·钱伯斯提出的参与式行动在中国乡村发展过程中的适用性与重要性。[③]这些学者的工作都在客观上强调：中国未曾以自己的价值取向要求西方工业文明乡村做出改变，那么在西方价值体系中否定中国农村的价值甚至寻求出路实为荒谬之举，终将招致盲目西化、农村城市化等趋势，因此，坚持推进乡村振兴的中国农村发展方案实属必要。

　　乡村振兴是中国共产党代表最广大人民的根本利益的体现，是

---

　　①　张孝德：《中国乡村振兴对世界乡村发展的价值与启示》，《山西农业大学学报（社会科学版）》2022年第6期。

　　②　邬志辉、徐萌：《全面推进乡村教育振兴的中国路径》，《教育与经济》2023年第6期。

　　③　郭占锋、张森、乔鑫：《参与式行动：中国乡村振兴实践的路径选择》，《南京农业大学学报（社会科学版）》2023年第2期。

实现共同富裕的基础和必要条件，也是农业农村现代化的实现路径。中国的农村类型多样，不同的农村推进工作的具体路径不同。而在国家政策支持占据重要地位的桂西北山村，或应更注重与中央及广西全区有关政策的衔接，以及与区域内跨市、跨县区有关政策的衔接，不断调适自身发展定位以承接各项倾斜政策，叠加各项落地本区域的政策红利，同步推进经济建设、政治建设、文化建设、社会建设、生态文明建设。同时，叠加多方面政策在本区域形成的辐射效应，主动融入全区、北部湾经济区、珠江—西江经济带、共建"一带一路"发展大格局，推动与利好政策辐射源的规则衔接、机制对接、基础设施互联互通和数字一体化，促进彼此高效便捷的互动关系的生成。通过多重政策刺激，推动内生式发展，在我国乡村振兴话语体系中发出桂西北山村自己的声音。

附　录　颁桃村村情民情报告

颁桃村是桂西北地区的一座山村，由16个自然屯30个村民小组组成。由于石山洼地地貌遍布全村，各个自然屯的居住空间均被山川环抱，加之过去交通不便，社会治理难度较大。据2020年的调查统计，颁桃村全村有704户共2729人，以壮族和瑶族人口为主。从年龄结构上看，全村1～6岁学龄前儿童共204人，占全村总人口数的7.48%。7～16岁义务教育阶段青少年共479人，占全村总人口数的17.55%。17～60岁青壮年共1638人，占全村总人口数的60.02%。60岁以上老人共408人，占全村总人口数的14.95%：其中，65岁以上老人共298人，占全村总人口数的10.92%。颁桃村中长寿老人占比较高，70～79岁老人共有104人，80～89岁老人共有50人，90岁～99岁老人共有7人，100岁以上老人有1人。

一、颁桃村的婚姻家庭结构

颁桃村是以家庭为基础单元组成的村级空间，以婚姻和血缘为联结纽带的人际关系网络交织、叠加成熟人社会。在历史上，颁桃人倚歌择配，青年男女通过歌圩场自由恋爱而结合为夫妇。根据对颁桃村1940—1970年结婚的夫妇的随机调查，歌圩是他们重要的婚介场所。《炎徼纪闻》《赤雅》等文人笔记对此均有记载。直到民国，这里仍盛行倚歌择配："惟土人，不时有少年男女，三五成群，或在山野，或在路途，互唱山歌。"①如今，歌圩的婚姻媒介功能逐渐退去，颁桃村的青年男女接触与交往的渠道主要是上学、就业和网络等，通婚圈得到进一步扩大，人们得到更大程度的恋爱和婚姻自由。从走访调研的情况来看，民国时期颁桃村里多数男女都是就近婚娶，村内各屯之间或与相邻的村屯之间互相通婚较为常见，村中女子的娘家与婆家仅几步之遥的情况也屡见不鲜。解放后，民族压迫和民族歧视被逐步消除，共和乡各村之间的通婚现象多起来，形成以共和圩为中心的通婚圈。改革开放后，随着村屯通往外界的交通条件的逐步改善，人们得以到更远的地方去发展，嫁娶的范围随之扩大，远嫁远娶也不足为奇。

在解放以前，颁桃村的瑶族和壮族极少通婚。两个民族在经济发展水平、生活习惯、语言习俗等方面存在区别，壮族姑娘不太愿意嫁去瑶家，壮族人也不太愿意娶瑶族女孩；瑶族青年男女也基本抱持这样的婚恋观。解放后，这种隔阂基本被打破，两个民族之间通婚的情况逐步增多，甚至有一个家庭之中存在三个以上民族成份的情况。

颁桃村里的近亲结婚现象已基本被杜绝，只在40岁以上群体的婚姻中偶有发现。瑶族只占村中人口数的三分之一左右，加之过去

---

① 原那马县志修志局编《那马县志草略》，《马山县志》办公室，1984，第6页。

交通不便及民族偏见，导致瑶族人只能在族内选择结婚对象。因为数代近亲结婚，村中偶见各类先天缺陷或重度残疾的人。

童婚现象近来已基本被杜绝，但仍然偶有发现。在民国期间，颁桃姑娘一般十四五岁就嫁人，20岁左右结婚成为主流。父母收下彩礼姑娘就算是有了人家。精准扶贫工作开展以后，自治区、市、县、乡、村五级干部联合加大对贫困村义务教育的普及力度，特别对村中7～16岁学龄青少年儿童开展控辍保学工作，有效地防范童婚和早婚现象的出现。

随着基层法治建设工作的推进，人们的法律意识进一步提高，颁桃人的婚姻观也从以得到社会承认为主变成得到法律保障为主。解放前，颁桃人普遍认为办了喜酒就算已经结婚。相比于结婚证这种法律证书，熟人社会对婚事的承认更具成家的象征意义。一对青年男女无论是不是自由恋爱而组成家庭，都需要推出一位有声望的人担任媒人的角色作为新家庭"合礼性"的基本保障。媒人作为缔结一桩婚事的重要角色，在婚礼前、中、后期承担很多工作，包括但不限于联络双方家庭商定婚礼的大小事务，调解双方的矛盾，确保双方在合婚、聘金、礼品以及具体的礼数等大事小情上达成一致意见。现在有一部分年轻人不再拘泥于这些习俗，他们更乐意简办婚事，到民政部门领证，至多再摆几桌酒宴请亲朋好友。

婚姻是颁桃人组成家庭的主要途径。以一夫一妻制为基础建立起来的颁桃村家庭结构，以从夫居的核心家庭为多。从2020年的调研结果来看，颁桃村共有314户（不含单亲家庭）由夫妻或夫妻及儿女组成的核心家庭；其次是三代以上共同居住的主干家庭，共有226户（包含外祖父母与外孙共同生活的家庭），三代、四代、五代同堂均有，最为常见的是祖孙三代同堂。因此，颁桃村家庭的人口数量少则两三人，多则十余人。

一般情况下，兄弟结婚之后要分家，但新居不会与旧居相隔太远，有的甚至还会住在同一栋房子里。有的人家往往在孩子小的时候就考虑到以后兄弟分家的事情，并在建房子的时候做好相关的规划设计。在颁桃村常常可以看见一栋房子设计有两三个门，甚至更多，门数根据家中孩子的数量而定。一旦兄弟分家，只需在房子内部砌墙隔开变成单元楼即可。分家之后兄弟就近建房居住的情况在颁桃村比较常见，是颁桃村同姓聚居局面形成的基础和主要原因。

大多数家庭会在所有孩子都结婚之后再分家，老夫妻当着见证人的面把家里的田地等财产进行分配，并选择跟其中一个孩子的小家庭居住，或者老夫妻各选一个小家庭生活，家庭结构从核心家庭变成主干家庭。颁桃村中最为常见的是老夫妻选择跟小儿子的家庭生活，或者选择还需帮忙照看孩童及分担家务的儿女家庭。现在颁桃村青壮年大多在外工作，若是儿、女、媳、婿外出谋生，老夫妻往往会把几个儿女家庭的孩子聚到一起生活，方便照料，变成联合家庭。

颁桃村也存在部分兄弟结婚后仍保持不分家的个别情况。其中有些是贫困家庭，他们认为分家之后势必会拆分生产资料，生活开支也会随之增加，小家庭在村中的声势、地位也会减弱，还不如拧成一股绳，共同维持生活；有的是兄弟分户口，但事实上仍然居住在同一片屋瓦之下，他们之中有的人兄弟妯娌感情甚笃，比起分家更乐意共同生活创业、分担家务；有的人则是兄弟均外出闯荡，妻小都留在家里，和父母生活在一起互相之间有个照应。

颁桃村中还有部分联合家庭、单亲家庭、单身户等家庭模式。

联合家庭的形成通常是夫妻离异后，女方带孩子回娘家投靠兄弟的家庭居住，或者其他亲友来投靠而形成。另有部分是其中的一个兄弟姐妹未婚，跟随已婚兄弟的家庭一起生活。根据2020年的调查统计，单亲家庭在颁桃村有100余户，往往是夫妻离异或结束事实婚姻（未办理结婚登记）或丧偶后，由一方独自抚养孩子形成的家庭结构。他们往往在外出打工几年后，一方即选择离家另行结婚生子。单身户在颁桃村有73户，以未婚男性居多，村中甚至有几兄弟均单身的情况，而且有递增的趋势。另有4个孤儿户。

以2020年人口统计为底数对颁桃村近80年新生人口数量进行逐年统计，得到的结果如下图所示。

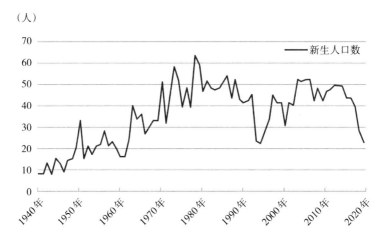

附图1　颁桃村1940—2020年新生人口数量统计图

注：数据来源为2020年颁桃村网格化管理人口统计数，逐年新生人口数不包括2020年及此前户口迁出人员及死亡人口。

通过上图可见，颁桃村在1940—1969年的30年间新生人口数量保持低速增长的状态，每年平均约有21名新生人口；1970—1989年这20年新生人口数量高速增长，每年平均约有49名新生人口；到20世纪90年代新生人口数量有所回落，每年平均约有36名新生人口；21世纪前10年每年平均约有45名新生人口，第二个10年每年平均约有42名新生人口。

根据人们的口述访谈和实地调研情况，20世纪80年代以前的颁桃村以多孩家庭为常见。由于生活水平和医疗条件有限，村里的婴儿成活率得不到保障，人口的平均寿命较短。同时，村里耕地少，家庭经济以劳动密集型的山地农业为支柱，人们需要多生孩子来保障农业生产所需的劳动力供给。另外，家庭也需要多生孩子来保障在村中的地位及安全。因此，如今村里50岁以上的人有多个同胞兄弟姐妹是普遍的情况，村里甚至有生十余个孩子的夫妇。

1982年，中共中央、国务院发布11号文件提倡一对夫妇只生育一个孩子，符合法律、法规规定条件的，可以要求安排生育第二个子女。受此政策的影响，颁桃村的新生人口数量开始产生变化。此后的10年间，在传统生育观念的影响下，颁桃村中每对夫妇生育三孩以上的现象依然存在。到1990年以后，颁桃村里生育三孩以上的核心家庭数量逐步减少，生育两个孩子的核心家庭成了普遍情况。另外有一定数量的夫妇选择仅生一个孩子。进入21世纪后，颁桃村新生人口从数量来说较20世纪90年代有所上升，并与1970—1989年的高新生人口数相对应。总的来看，1982—2015年，颁桃村的夫妇以生育二孩为主流。

随着国家对生育政策的调整，颁桃村里生育两个或三个子女的核心家庭逐步增多。不过，虽然生育政策放宽，但是像1980年以前那样的多孩核心家庭仅是村中的少数了。随着生计方式的丰富多元和人们物质生活水平的提升，优生优育的观念被广泛普及。从前，颁桃村人极少会去做婚前检查、备孕、产检等工作，在大多数人看来一对夫妇能怀上并生下孩子就是没有任何问题。近些年来，新婚夫妇不仅会充分做好孕前、孕期和产后护理的工作，还会考虑孩子的抚养、教育、发展等一系列问题。生育观念的改变在客观上减少了近亲结婚、童婚等现象，并有效排查胎儿是否患有先天疾病，极大地提高了新生人口的身体素质。

现代文明不断地冲击着农村家庭传统的婚姻和家庭模式，悄然改变了乡村的人际关系。颁桃村虽然依然是熟人社会，但从 80 后的中青年开始变化已经十分明显。他们外出上学、工作，婚姻模式、家庭关系甚至生活理念与乡村传统那一套有明显的区别。同时，他们在家族及村屯事务的参与度方面显然不如留守村里的人们，甚至有逐渐成为"陌生的熟人""陌生人"的趋势。随着这个群体成为村里的大多数，乡村空间变成陌生人社会似成必然，也在客观上导致村中劳动力不足。青壮年劳动力流出后，留守村庄的老人、幼童等难以担负起农业现代化的发展重任，造成土地等资源闲置浪费。留不住人才也带来"空巢村"和守村人口老龄化等一系列问题。由于村里大多数人是未富先老，农村老年人缺乏物质生活保障和精神文化生活照料。颁桃村多数老年人依靠年轻人外出打工寄钱回家，但也发生过部分年轻人外出之后音讯全无的案例，家中老人只能靠种玉米维持基本生活需要。

二、颁桃村的家庭收支结构

在脱贫攻坚和乡村振兴的大力推动下，颁桃人的生产生活方式发生了翻天覆地的变化。过去，颁桃人只能面朝黄土背朝天地在地里刨食，现在人们用上了现代化机械开展农业生产。此外，人们还有创业经商、外出务工等诸多选择。生计方式的多样化以及经济水平的提高改变了颁桃人的家庭经济收支结构，也改变了颁桃人的生活。

（一）家庭收入

颁桃村家庭最普遍的两大收入来源是外出务工和在家务农，此二者搭配的家庭收入模式最为常见，另有少部分人依靠经商和小手工业贴补家用。在对人口就业状况的调研中发现，颁桃村98%的青壮年都选择外出务工；弱劳动力或半劳动力部分选择就近就业，部分选择外出务工，还有部分在家务农。

得益于扶贫政策的大力扶持，颁桃村及其方圆5公里范围内成立了许多蔬菜种植园、养猪场、核桃种植园、桑蚕养殖园等农业产业园，商业、服务业、建筑业等也得到大力发展，另外还有一批政府购买社会服务的公益性岗位的设置，为因家庭或身体原因无法外出务工的劳动力、半劳动力或弱劳动力提供了诸多就业岗位。以每个产业园平均带动20人就业计算，仅颁桃村内的产业园即可吸纳约200人就业。就近就业的工资基本按日80～120元/人结算，需工日为每月15～30天，多劳多得，月收入在1500～3000元/人的范围内浮动。由于就近就业可以照顾家里的老人小孩，还可以兼顾自家的农业生产，很受到部分颁桃村家庭的欢迎。不过，这些岗位的工资待遇还是比不上在发达省份务工的收入，且没有"五险一金"及任何休假、年节福利，尚不足以吸引青壮年劳动力回流。

颁桃村青壮年劳动力主要到东部经济发达省份务工，以广东、浙江、福建三省最多。每年春节后的三五天，他们纷纷外出，此后除重要节庆或家里有突发状况外，鲜少回村。"老乡带老乡"是颁桃人外出找工作的主要方式，所以务工地点相对集中。外出务工的收入受行业、技能水平和地区经济等方面的影响，有的月薪仅三四千元，有的则有1万元左右，以5000～7000元为多，一般都能享受工会、社保等福利待遇。

　　农业是颁桃村传统生业，虽然现在有很多谋生途径，但只要有人在村的人家几乎没有一户会放弃农业，即使是全家外出谋生了也会把土地租给别人耕种以免撂荒。颁桃村的家庭种植以玉米为主，以水稻、杂粮杂豆为辅，果蔬种植大多仅供自食。家庭养殖以养猪、鸡、鸭为多，另有部分人小规模养牛、羊、蚕等。

　　根据对全村种植业的抽样调查统计，玉米种植在正常情况下每年2造，收成2400斤/亩玉米粒左右，按共和街市价3元/斤计算，每亩年收入7200元。颁桃村水田数量少，一级农田更少，水稻一般情况下每年仅种植一造，平均每亩收成约900斤，按共和街市价3元/斤计算，每亩年收入约2700元；红薯、芋头等杂粮和花生、黑豆、绿豆、黄豆等杂豆一般间隔种在玉米地或菜地，每年可种植1～2造，平均每家收获100斤，以共和街均价10元/斤计算，杂粮杂豆类每家平均收入1000元。除了部分自食自用外，产量较多的玉米和杂粮杂豆都有出售。

　　颁桃村大部分家庭都养殖有家禽家畜，以小规模养殖为多，也有部分在扶贫政策的激励下扩大规模的。根据对颁桃村家庭养殖情况的调查统计，一般情况下，人们会同时养殖鸡、鸭、猪等几类家禽家畜。颁桃人养猪数量少的有1～2头，多的有200余头，以3～6头为常见，一般养到300斤左右出售，按市场价15元/斤计算，每头猪收入4000多元。颁桃人养鸡、鸭的规模一般为30～100只，养到每只6斤以上出售，按土鸡土鸭的均价25元/斤计算，每只收入约200元。在颁桃村养牛、羊、蚕虽然不是普遍现象，但是养殖的各户都算小有规模。一般个体家庭养牛品种为黄牛，规模在10头左右；养羊品种为黑山羊、白山羊和湖羊，规模也是10只左右。牛羊的养殖周期长，收入以年为单位计算，牛的养殖周期为1~3年，每头出栏收入1万余元；羊的养殖周期为半年至1年，每只收入两三千元。蚕养殖周期较短，不过蚕茧的市场价格波动得较大，以均价25元/斤、年产1200斤计算，每个养蚕户年均收入约3万元。

颁桃村也有少数人通过自主创业和做代加工活贴补家用的。自主创业主要是做农产品及农副产品销售，比如制作旱藕粉丝、豆腐、烤鸭、腊肉等，运输到共和圩集、大化县城等地设摊点出售，有些还成立了品牌并开设有网店，有些跟大型超市或农贸市场签订购销合同。销路好的收入非常可观，例如成锋家庭农场的旱藕粉丝年销售量能达到50吨以上，瑶家三腊（腊肉、腊肠、腊猪头）年销售量达到10万斤以上，再加上大米、生猪、七百弄鸡、花生、红薯粉等，年产值达3000万元。做代加工活是农闲时村里的老人、妇女通过承包一些轻便的手工加工工作来获得报酬，是新型的庭院经济模式。常见的家庭手工活有饰品、玩具、电子产品等的加工。这些工作相对简单，基本不需要技术培训即可上手，但很费工夫，属于劳动密集型产业。代加工活基本计件结算，多做多得，只是单价很低，往往以厘、分为单位计算，一天下来也未必能赚得20元钱。

（二）家庭支出

颁桃村家庭的支出主要包括住房、教育、医疗等重大开销和生产支出、生活支出等常项支出。近20年来，颁桃人的生活方式日新月异，过去的老旧干栏式木瓦屋变成了砖混结构的楼房，家里的"三大件"从冰箱、洗衣机、彩色电视机变成空调、电脑、家庭影院，人们的生活消费发生了巨大改变。

住房作为刚需品，是颁桃村家庭的重大支出项。颁桃村的民居一般是自行设计建造的。颁桃人建房要先向村委会申请，然后到乡镇国土部门审批备案，手续齐备后再购买建材、请人建房。2000年及以前，颁桃人的房屋基本都是家族里的兄弟姐妹互相帮忙建造。房主只要承担建筑材料、帮工伙食以及给帮工的红包费用，一般花费3万元左右可以完成一层100平方米的青砖或红砖楼房建设。若是建传统的干栏式民居，竹木、石头、泥砖、泥瓦等建材大部分都能就地取材制作，建好一栋二层木石结构的房子所需的花费甚至不超过1万元。近些年，一群拥有泥瓦技能的颁桃人组建了建筑施工队，承包盖房铺路等工程。加上村里大部分青壮年均外出工作，人们建房只能花钱请建筑队。这些建筑队工人的年龄基本在40~60岁，多数为男性，也有部分女性，他们都有建筑施工经验，并配备有翻斗车、挖掘机、砂浆机、土方车、切割机等专业设备。100平方米的一层楼房，连建筑材料、人工成本在内，房主一般需要支付15万元（根据2023年颁桃村完成建设的3栋民居统计）。此外，近年来颁桃人开始讲究房屋装修，并逐渐从普遍硬装发展到重视软装。人们也开始把房屋装修费用列为住房必需开支项，有一部分民居的装修费用甚至比建设费用还高。

教育支出也是颁桃村家庭的重要开支。过去，人们读书从小学开始要交学杂费，很多青少年因家里交不起这笔费用而辍学。在2018年开展的全村文化程度的调查中，发现有几个80后也不识字。

颁桃村家庭的教育支出主要花在幼儿园、高中、中专和大学教育阶段。现在颁桃村人基本上都会将学龄前儿童送到位于颁桃村小学内或者共和乡街上的幼儿园，每学期费用2000元左右。高中、中专及以上的教育花费是大头，除了学费以外，还有住宿费、伙食费等开支，每名高中生（在大化县城就读）一年的费用需要5000元左右，中专和大学视专业和学校所在城市的开销而定，每年花费数万元。部分家庭还会花钱送孩子去学习各种艺术类或体育类才艺，不过尚属少数。

医疗支出是颁桃村家庭的支出常项，甚至是有些家庭的重大开支项目。根据对颁桃村老人的访谈情况，以前村里有人生病，常见的应对措施是小病不用治，大病看过医生就回家保守治疗。村里过去有"巫医"，他们是令人又敬又畏的存在。2000年以前，与现代医学比起来当地人普遍更相信"巫医"的药方。另外，村里还流传有很多治疗疑难杂症的土方，很多人都有喝草药治病的经历。现在生活条件好了，人们对健康的观念也有了改变，有些人愿意定期去医院体检，特别是每年定期举办的妇女"两癌"筛查活动，受到村里女性朋友们的欢迎。人们也普遍有在家中备些常用药物的习惯。若感觉身体不舒服，人们都会选择去乡镇卫生院、县医院看病。村里留守老人常见各类慢性疾病，例如高血压、冠心病等，都需长期服药，医疗费用成为家庭的固定支出。而重度地中海贫血、癌症等重大疾病的治疗费用往往成为家庭最大的开支。

颁桃村家庭的生活支出主要是购买食物、衣服鞋子以及人情往来等花费。过去颁桃人的生活不富裕，食物以自己家种养的为主，衣服鞋子也是自己种麻种棉织布、染布裁制。生活支出以人情往来为主，新生、满月、结婚、过寿、过世等各种人生礼俗以及春节、"三月三"、端午节、中元节、重阳节等岁时节庆都需要"送人情"，成为人们沉重的负担。随着人们经济条件的改善，在吃穿方面的开支有所增加，人们注重饮食的营养和健康，穿着讲究舒适和时尚。

生计方式的丰富和消费理念的改变，使家庭经济收支结构发生了变化，并在客观上改变了乡村面貌。农村虽然依然有农业活动，但生产方式和农产品商品化程度都已出现了明显的变化，并且除务农外人们有了更多的从业选项。农村社会原先相对封闭的经济市场已经被打破，如今再偏僻地区的小家庭也与新时代、大世界产生了联结，融入更大的劳务市场和商品市场。乡村以其一贯的柔韧性和强适应性不断调适自身，以接受、参与并融入时代巨变。

三、颁桃村的民生保障

因为过去经济基础薄弱，大多数农村家庭是脆弱的，一场变故、一次重大疾病就可能导致家庭离散。随着经济社会的发展，我国城乡居民民生保障体系逐步完善。特别是精准扶贫以来，安全保障网络越织越密，人们在医疗、养老、就业等方面均能得到保障，因病返贫、老无所依、因贫失学等现象基本被杜绝。

（一）医疗保障

大病医疗曾经是颁桃村不少家庭陷入贫困的原因。对2018年未脱贫的66户颁桃村建档立卡贫困人口的调查统计发现，因病、因残致贫的就有46户。2019年开展的全村范围排查边缘户（即将达到建档立卡贫困户标准）工作发现了5户家庭有致贫风险，其中有3

户均是家中有人突发重大疾病或者遭遇意外伤害入院治疗而导致的。"生什么都不要生病"是颁桃人的共识，而一旦被诊断患上重大疾病，人们在巨额治疗费用面前往往会选择放弃治疗。对于有需要长期到门诊治疗的慢性阻塞性肺疾病、恶性肿瘤、重型和中间型地中海贫血、高血压、血友病等重特大门诊特殊慢性病患者的家庭来说，看病吃药的支出是沉重的家庭负担。

脱贫攻坚开展以后，基本医疗保障在颁桃村的覆盖面越来越广。以乡、村两级干部为主力的工作队伍，每年定期进村入户宣传个人缴费和政府补助相结合的"新农合"政策，争取达到全村100%参加基本医疗保险的覆盖面。过去村里的人没有参加保险的意识，直到2019年还有部分群众提出自己不一定会生病，为什么每年都要花钱参加"新农合"的疑问。随着越来越多药物被列入医保目录，很多慢性病、罕见病的治疗也能得到报销，人们到门诊看病和住院得到报销的例子越来越多，这项工作的开展才顺利起来。现在，村里人基本上都会主动参保，部分人还有购买人身意外伤害保险、重大疾病保险、人寿保险等意识。

不过，有部分群众认为"新农合"个人缴费部分逐年上涨，数口之家缴纳起来颇为吃力。2020年自治区政府制定了《关于深化医疗保障制度改革的实施意见》，基本医疗保险、大病保险与医疗救助三重医疗保障体系得以构建。其中还提到了医疗救助对象动态认定核查和及时精准识别机制，对符合条件的救助对象有配套的参保缴费、分类补助、医疗费用救助等机制。2022年广西进一步制定了特重大疾病医疗保险和救助制度，村里的特困人员、孤儿、低保及其边缘对象、脱贫不稳定人员等个人缴费确有困难的群众按分类获得医疗救助基金60%至全额不等的资助比例。

精准扶贫以来，人们无论是住院还是到门诊看病都可以获得一定比例的报销，异地住院经备案后也可以报销一定比例的医疗费用。年老、行动不便的慢性病患者可以得到乡镇卫生院定期派医生上门看诊服务，到门诊看病抓药也能得到报销。为减轻重特大疾病医疗费用给困难群众造成的负担，防止因病致贫返贫，在自治区的三重制度联保之下，特困人员、孤儿住院医疗救助和门诊特殊慢性病均不设起付线，住院按年度累计不超过6万元的标准给予100%救助，门诊治疗费用经基本医保、大病保险报销后，剩余的部分按年度累计不超过4000元的标准给予100%救助。低保人员住院和门诊特殊慢性病也不设起付线，其中重度残疾人住院按年度不超过5万元的标准给予95%救助；其余低保人员按年度累计不超过3万元的标准给予90%救助。门诊特殊慢性病经基本医保、大病保险报销后，剩余的部分重度残疾人按年度不超过3000元的标准给予95%的救助；其余低保人员按年度不超过2000元给予90%的救助。城乡低保边缘对象、脱贫不稳定或返贫致贫人口的住院医疗救助起付线3000元（年度累计），超出3000元的部分城乡低保边缘对象给予80%的救助，年度累计救助最高2万元；脱贫不稳定或返贫致贫人口给予70%救助，年度累计救助最高2万元。

（二）养老保险

颁桃村人管60岁以上老人每个月领到的养老金叫"老人钱"，这笔钱即新型农村社会养老保险（简称"新农保"）。为解决农村老人老有所养的问题，2009年9月国务院发布了《关于开展新型农村社会养老保险试点的指导意见》。广西随即在国家确定的武鸣县（现今南宁市武鸣区）、银海区、东兴市等14个县、城区及县级市开展

"新农保"试点。2012年"新农保"制度覆盖广西全区适龄农村居民，凡年满16周岁（不含在校学生）未参加城镇职工基本养老保险的广西户籍农村居民可自愿参加"新农保"。

"新农保"基金由个人缴费、集体补助、政府补贴构成。由于颁桃村集体经济长期没有收入，所以集体补助部分为零。个人缴费部分设每年200元、300元、400元、500元等共15个档次供参保人自主选择。60岁以上的不必缴费，距60岁不到15年的按年缴费，也可以补缴但累计不能超过15年；距60岁超过15年的按年缴费，累计缴费不少于15年。政府补贴部分按照个人缴费的档次，如果选择的是200元档则补贴每人每年35元，此后每提高一个缴费档次则相应增加补贴。大化是自治区直管财政改革县，因此这笔补贴资金由自治区和大化按4∶1的比例承担。政府为脱贫后继续扶持人员、重度残疾人、农村五保供养对象每人代缴100元，为低保对象每人代缴50元。

"新农保"实施后，颁桃村对年满60周岁、未享受城镇职工基本养老保险待遇的农村户口老人，按月发放养老金到个人养老资金账户。每名领取人的养老金总额一般由中央基础养老金、省级基础养老金、县级基础养老金、个人账户金额组成，村干、村医另有补助。如今，中央确定的基础养老金标准从2009年的每人每月55元，提高到90元，省县二级基础养老金也随着经济增长和物价上涨而有所增长。个人养老金发放标准：月养老金＝基础养老金（中央基础养老金+省级基础养老金+县级基础养老金）+（个人账户全部储蓄额÷139）+（缴费年限-15）×2+5（年龄≥65周岁）。个人账户全部储存额除以139，是为与现行城镇职工基本养老保险个人账户养老金计发系数相同。

（三）就业保障

颁桃人的传统生业是农业，目前村内仍有一定数量的农业生产者。根据牢牢守住18亿亩耕地保护红线的要求，颁桃村正在实施最严格的耕地保护制度，执行永久基本农田保护任务，并将易地移民搬迁后空置坍塌的危旧房拆旧复垦为耕地。为防止耕地"非农化"和永久基本农田"非粮化"，大化近年要求严格实行占补平衡制度，并实施田长制，巡田常态化，一经发现问题现场协调解决。2016年以来，为支持耕地地力保护和粮食适度规模经营，广西将农作物良种补贴、种粮农民直接补贴和农资综合补贴等三项补贴政策合并为"农业支持保护补贴"。颁桃村农户每年可以获得一定数额的耕地地力补贴，用于开展农业绿色生产和提高土壤蓄水保墒和抗旱能力，补贴金额根据区市两级财政下达专项资金数额、各户耕地数量多少以及耕地种植用途管控情况而定。2022年底，颁桃村完成了农村土地承包经营权确权登记，此后即根据该申报面积进行补贴。大化还结合实际实行农机购置补贴及报废补贴政策，颁桃村农户按照自主购机、县级结算、直补到卡（户）的方式申领补贴，补贴标准由自治区级农机化主管部门按规定确定。农机报废更新补贴与农机购置补贴相衔接，同步实施。此外，开展大豆玉米带状复合种植的农户还可以申领专项补贴。以上政策的实行在一定程度上提高了颁桃村农业生产经营的积极性，促进了农业的现代化转型。

就近务工成为部分颁桃人的生计来源，也常是以务农为生的人们贴补家用的途径。这个就业群体在村内或离村10公里范围内打零工、短工，工种有种养工、建筑工、家庭代加工、服务业短期工等。精准扶贫开展以来，颁桃村落实"就业发展一批"政策要求，通过村内现代产业园吸收了一部分有劳动能力但因主客观原因无法转移就业的贫困人口实现家门口就业。另外，大化面向残疾人员、城镇大龄失业人员、低保家庭人员、城镇零就业家庭人员、长期失业人员、失地人员等就业困难群体开设了一批公益性岗位，例如生态护林员、护水员、卫生员等，颁桃村部分群众借此就业增收。

劳动力转移就业是颁桃村的主要经济收入来源。颁桃人批量离村谋生从改革开放后开始，主要到区内的南宁、柳州等市和区外的广东、海南、福建等省工作。自1996年国家启动东西部协作以来，特别是精准扶贫开展后，粤桂扶贫劳务协作日益深化，成为颁桃人就业的重要保障。颁桃人通过两广开展的一对一结对帮扶，与广东优质企业有效实现劳务供需对接，组织广东企业到村举办专场招聘活动，并宣传发动群众参与，助推实现就业。随着粤桂扶贫劳务协作的深化，颁桃人的就业渠道得到拓宽和保障。深圳宝安区对口帮扶颁桃村，通过"三来三往"（即颁桃村制定"求职清单"，宝安区制定"岗位供给清单"，双方根据"清单"进行人岗匹配，宝安区根据匹配结果组织企业开展招聘，最后由颁桃村组织输送贫困劳动力上岗就业）开展劳务协作。这种协作多数在线下举行，新冠疫情期间发展出线上招聘的形式。在线下，宝安区的企业来到村部，在宣传栏张贴宣传标语和岗位信息，发放宣传资料，甚至与帮扶干部入户发动青壮年劳动力外出就业。在线上，则通过微信、QQ、政府官网等平台发布招聘信息，并通过二维码收集就业需求或报名信息。在新冠疫情期间，粤桂双方还采取"点对点"免费包车送贫困人员返岗复工，并落实返岗、稳岗补贴等一系列保障劳动力返岗的政策措施。借助劳务协作平台，颁桃村引导青壮年劳动力特别是建档立卡贫困户劳动力转移就业，助力贫困家庭实现稳定增收。

此外，广西于2017年、2018年先后制定了《广西壮族自治区人民政府关于进一步做好当前和今后一段时期就业创业工作的通知》《广西壮族自治区人民政府关于做好当前和今后一个时期促进就业工作的通知》，加大了稳岗支持、创业就业支持和下岗失业人员帮扶力度。颁桃村从事个体经营的脱贫人口及防止返贫监测对象、持《就业创业证》或《就业失业登记证》的人员即得益于其中的重点群体创业就业的支持政策，享受税费扣减优惠，得到了很大的鼓舞。

四、颁桃村的物质生活

衣食住行是民生的基本物质需求。在历史上，颁桃村和中国大多数乡村一样过着衣食住行基本依靠自给的生活，自家种养食物，自行组织搭屋开路。随着时代的发展和改革的深化，人民群众的物质生活条件得到了很大的改善。颁桃村吃、穿、住、行等日常生活的方面在保留优秀传统习惯的同时，大量吸收现代的理念和技术，人们也基本实现了吃饱、穿暖、居安、路好走的需求，颁桃村是广大桂西北地区山村已经从传统的自给自足的小农社会融入现代的开放的国内国际经贸体系之中的缩影。

（一）穿在颁桃

如今，颁桃村里的人们衣着比较现代，衣服鞋子大多通过附近圩市的商店或者网络电商购买。男女老少的衣裤鞋袜多为时下大众流行样式，随着人们经济条件的改善，名牌服饰鞋帽在村里日渐增多。常住村里的人们因为长年需要做农活，所以衣服以轻便舒适为风尚，炎热天气无论男女常穿短袖或半袖类服装，戴帽子（草帽或遮阳帽），穿雨靴、拖鞋或解放鞋；冬春季节多穿棉服、毛衣或羽绒服，外罩围裙和袖套。年节聚会或上街赶圩时则穿样式较新的整洁、漂亮服装。在"三月三"、祝著节、"村晚"等节日节庆举行节目表演时，还可以看到穿着传统服饰的身影，人们一般是到网店上购买的成衣，村里的山歌队、广场舞队也到共和圩或附近县城布匹店去定制传统民族服装。这类舞台服装一般在保留壮族、瑶族等民族服饰传统样式的基础上进行改良，布料比传统的土布轻盈，衣服上的纹样一般是机绣的。

（二）食在颁桃

颁桃人的食物大部分来源于自家种养。过去，颁桃人每天只吃两顿正餐，至今仍有部分人保留着这个习惯。早上起床后，人们一般先下地干活或做些家务，到10点左右吃第一顿正餐，吃完再继续干活，到16点左右吃第二顿正餐。颁桃人的饮食也简单，以容易制作、量多、耐饥饿的食品为常见。

1.颁桃主食

玉米是颁桃人餐桌最常见的主食，民国县志将之列为那马县谷类特产之一[1]。颁桃人爱吃玉米，有水煮嫩玉米、火烤老玉米、油炸玉米粒、玉米炒肉末、玉米汁等诸多吃法。在村里最常见的玉米

---

[1] 原那马县志修志局编《那马县志草略》，《马山县志》办公室，1984，第13页。

吃法是做成玉米糊，人们称之为玉米粥。每到玉米收获季（6月、11月），人们把老玉米摘回、晒干、脱粒、碾粉。玉米粒被研磨成金黄细腻的粉状后，颁桃人煮开一锅水，一手舀一瓜瓢玉米粉，一手拿筛网，往锅中慢慢筛入玉米粉。有经验的人可以根据自己对玉米糊浓稠度的喜好控制玉米粉和水的比例，还能把握好搅拌的时机和次数以防玉米粉粘连成块或粘锅。过去，人们往往在早上熬煮一大锅玉米糊，供足家人一天的食用量。吃玉米糊经常佐以各类小菜，比如酸菜、芥蓝、白花菜等。有一盘猪肉炒青菜或者猪油渣炒菜来佐餐在过去得是小康人家的水平，普通人家最常见的是配酸菜吃，或者撒盐或糖吃。玉米糊用料少，但吃下去很快就产生饱腹感，是食物贫乏年代人们的生存智慧。

稻米也是颁桃人常吃的主食。那马县志称谷类有粘谷、糯谷、粳谷三大种，但"能自给者百分之三四，其输出输入皆白米，均小经纪，肩挑者多，船运者少"①。可见在过去该区域水稻种植所占农业生产比例之低。颁桃村的大米主要依靠在圩市购买，人们把大米做成米饭或米粉。米粉在广西到处都有，各地吃法不一，而在颁桃村常吃的是猪肉煮粉。人们将稻米晒干去壳碾磨成米汁，上蒸盘蒸熟，再切成细条，便做成雪白的米粉。煮开半锅水，把剁成肉末或切成细条的新鲜猪肉下锅煮熟，再下米粉，加卤水、葱花，就可以装盘了。河池各市县的米粉做法与此大同小异，河池煮粉或因此得名。共和乡三天一圩，但街上分布有七八家每天都开门的米粉店。各店米粉味道的细微区别在于用的卤水和配菜的不同。为留住食客，

---

① 原那马县志修志局编《那马县志草略》，《马山县志》办公室，1984，第13页。

店家都有各自熬汤底的秘诀，还会摆上葱花、蒜末、香菜、泡椒、油辣椒、鲜辣椒末以及各种咸菜供顾客自行取用。讲究的米粉老饕还自行购买猪杂、蔬菜之类，请店家帮忙处理后和米粉同煮。除了河池煮粉之外，颁桃人常吃的还有生榨粉。生榨粉是把发酵后的大米磨成米浆，再放入压制器具中压成粉条状，放入沸水中煮熟，加入肉末、葱花、酸菜等配菜即可食用。由于大米发酵过，所以这种粉条含有轻微的酸味，区别于别的米粉的味道。

颁桃人常吃糯米做的食物，其中糯米饭是最常见的。每逢过大节时，颁桃人还做染色花糯饭。在"三月三"、端午节、中秋节等节庆，人们会用枫叶、黄花、红蓝草等植物熬水，把糯米染色后蒸熟，做成染色花糯米饭。常见的染色花糯米饭有黑、黄、紫、蓝、红等五色。染色后的糯米饭色泽鲜艳，不仅具有很强的视觉冲击力，而且还散发着植物芳香。花糯米饭既是主食，也是佳节馈赠亲友的礼物。

颁桃人还常做黑豆饭团。把黑豆煮熟后放进石臼里，用木杵打碎。然后将碎黑豆和煮熟的糯米饭混在一起，再捏成饭团。有条件的人家还会在糯米里加入猪蹄一起煮熟，再与捣碎的黑豆混合捏团。颁桃人也喜欢吃糯米粽。包粽子是春节、中元节等节庆的大事。颁桃粽子一般包糯米、绿豆、芝麻和猪肉条，用线扎紧，一条粽子有2~4斤，大的能包10多斤米，得煮一天一夜。颁桃粽子一般煮熟后切片吃，或切片油煎至两面金黄再吃。颁桃人包粽子用米量非常大，少的用三四十斤米，多的用三四百斤米，包粽子时往往需要互相帮忙才能完成。颁桃人还喜欢吃糯米粑。糯米粑的大体做法是将磨成粉末状的糯米用水和了，揉成面团，分成一个个大小均匀的剂子，加入馅料以后包好，或蒸或炸。颁桃村常见的这类食品有"咸汤圆"菜包、甜汤圆、艾粑、芝麻花生粑等。

　　由于水田少，颁桃村的粗粮在很多家庭也充当主食。颁桃村的粗粮品类较为丰富，块茎类的有红薯、木薯、薯蓣、参薯、芋头、旱藕、葛根等，杂豆类的有豇豆、红豆、黄豆、黑豆、绿豆、豌豆、花生等。块茎类的通常做法是整个放水里煮熟或隔水蒸熟了吃，有人会用薯蓣、葛根和肉类一起炖汤，红薯、旱藕、葛根等还被制作成粉丝。杂豆类通常被煮成一锅粥，也常被作为其他菜的配角，比如黄豆排骨汤、黑豆炖猪脚等。黑豆和黄豆常用来做水豆腐、油豆腐、腐竹等制品。颁桃人常油炸黄豆、豌豆、花生做下酒菜；豇豆、豌豆、花生等杂豆则在炖烂后和青菜、肉类炒成烩菜。

　　2.颁桃果蔬

　　颁桃村耕地有限，种植的蔬菜种类并不多，常见的有叶类蔬菜苦荬菜、南瓜苗、佛手瓜苗、红薯叶、牛皮菜、上海青、芥蓝、包菜，块根类蔬菜萝卜、芭蕉芋，瓜类蔬菜丝瓜、南瓜、木瓜，以及辣椒、蒜、葱、姜等。不过，颁桃村房前屋后田埂地头长着种类繁多的可食用野菜，弥补了餐桌上蔬菜的不足。常见的有白花菜、艾草、香椿、紫苏几种。

　　每当春回大地，天气渐暖，白花菜和蒲公英就四处疯长。颁桃人不常吃蒲公英，但白花菜可以说是其春夏季节餐桌的常客。人们掐来白花菜的嫩尖，洗净后放进一锅开水里，加个鸡蛋或者几片猪肉，就做成了一道美味的青菜汤。人们还喜欢拿白花菜来下火锅吃，其味微苦后甘，有去燥降火、健脾开胃的效果。

　　颁桃村的香椿树在早春就长出嫩芽和细叶。颁桃人并不把滥长的香椿看得很贵重，常随意掐取几根带嫩叶的香椿枝条，洗净剁碎，加入酱油、醋、辣椒和蒜米，做蘸料而已。颁桃人也不太讲究吃香椿的季节，只要它还长嫩叶，就可以采来做蘸料。人们一般在有鸡、鸭、鱼、羊等硬菜时以香椿为酱料佐餐。

临近清明，紫苏、艾草、苋菜四处疯长。在颁桃人眼里，紫苏和香椿一样只是蘸酱盐碟里的一味而已。有时候人们炒田螺或小龙虾会加紫苏调味。艾草在颁桃人心中的地位稍高一些，人们用它来做艾粑，也拿它来下火锅，还将它入药。苋菜是颁桃人常吃的野菜，最常见的吃法是清炒、白灼和下火锅。

一到4月，野番茄在颁桃村路边、房前屋后长出来，5月就开花结果，到5月底果实成熟。成熟的野番茄果实呈红色，直径约2厘米，味道极酸。野番茄一般会持续开花结果到11月底。颁桃人用它来做煮鱼的配料，成就了颁桃红烧鱼清香微酸的独特味道。

颁桃村的水果品类颇为丰富，一年四季基本都有水果成熟。颁桃村名里有个"桃"字，大概是过去大量出产毛桃的缘故。毛桃一般在5月中旬成熟，果的表面有一层细细白白的绒毛。如果不及时采摘，到了5月下旬嗜甜的虫子就会钻进桃果里。村里的毛桃吃法主要有两种，一种是削皮直接吃或切片蘸椒盐等增味料再吃；另一种是把毛桃泡在酸菜坛子里，泡成酸桃子再吃。

李子也是颁桃人常吃的水果之一。一般情况下，李树2月开花，李子4月开始成熟，本土的李子果小、味酸。近些年规模化栽培的李树品种有三华李、珍珠李、油奈等品种，果大核小汁多，口感爽脆，果味酸甜适中，很受市场的欢迎。颁桃人吃李子以蘸椒盐和泡酸李两种为常见。

颁桃村有很多野生枇杷树，4月枇杷成熟，一串串黄灿灿的枇杷挂在树枝上，其外形与市面上常见的枇杷没有什么区别，但个头稍小，平均直径4厘米，大多味道酸涩，但也有数株枇杷树结的果大且味道酸中带甜。在颁桃村，土枇杷鲜少有人问津，多数自然成熟后被虫类鸟类吃去或掉落在地，来年又长出一批小枇杷树。爱吃枇杷的人们用自制的一头有弯钩的长杆将人手够不着的枇杷枝钩住，拉低了再摘。据说越靠近树顶的枇杷越甜，身手敏捷的青少年常带着长杆和竹篓爬上树去摘。

颁桃村也多野生芭蕉。这些芭蕉树常年开花结果，以3—4月结果为多。在芭蕉长好之后，人们将整串芭蕉果砍下，并拆解下来挂在通风处，待其外皮变黄即可食用。野生的芭蕉没有香蕉那种清香甘甜的味道，滋味偏寡淡，颁桃人也不爱吃，一般拿去喂鸡鸭。

颁桃村各屯均出产黄皮果，多在房前屋后栽种。4月黄皮果花盛开，5月枝头就长出青青的小果。到了7月，黄皮果成熟，碧绿的叶间挂着一丛丛金黄的黄皮果，有的黄皮果圆溜溜的，有的则呈椭圆形。颁桃村的黄皮果甜度很高，一到收获季节四处飘散着黄皮果独有的甜蜜气息。

颁桃村中还有一种比较滥长的果树是木瓜，基本上地头、山脚、田埂都有它的身影。木瓜花果期长，几乎全年都在开花结果，果子成簇挂在树上，沉甸甸的。颁桃人喜欢木瓜，常把青木瓜拿来做菜或腌酸，熟的木瓜则当做水果食用。木瓜呈长条椭圆形，青木瓜质硬，腌制后口感爽脆。成熟后的木瓜外表变成黄色，果肉变得绵软多汁，味道甘甜。

得益于扶贫政策，近些年颁桃村有几户人投资开展规模化果树种植，规模比较大的除了李子之外，还有核桃、砂糖橘、山葡萄和柚子。核桃和柚子都种在山坡、路边，柚子多是红心的蜜柚，也有少量沙田柚，核桃基本上是薄皮核桃。2018年开始，核桃、柚子陆续挂果，不过产量还达不到供应市场销售的程度。砂糖橘12月成熟，果型圆正，果皮薄，味甜中带酸，籽较小，有些是无籽品种。山葡萄在各大石山均有野生品种，产业化后多种植在山脚或缓坡，山葡萄一年一熟，果小而味酸，人们将之用来酿酒出售。

颁桃村里还有少许荔枝树、龙眼树、阳桃树、番石榴树和芒果树，由于数量不多，产量自然也不高，多数村民摘果自食、馈赠亲友，鲜少对外销售。荔枝有黑叶、白蜡、鸡嘴等多个品种，龙眼品种以石硖为多，荔枝和龙眼前后脚成熟。阳桃、番石榴和芒果仅有几户人种有，芒果一般7月份成熟，番石榴则要等到中秋左右才成熟，阳桃果季稍长些，约有半年。

3.颁桃酒肉

随着生活条件和交通条件的改善，颁桃人餐桌上的肉菜和酒的品类越来越多。不过，寻常人家的餐桌上常见的肉类食物还是以家庭养殖的鸡、鸭、猪、牛、羊以及河鱼为主，酒类以自家酿制的各种酒为主。

颁桃村几乎家家户户都有酒坛子。颁桃的酒按照制作工艺来分有酿酒、泡酒两大类；按用料区分，则有粮食酒、水果酒和药酒三大类。颁桃人酿酒最常用的是大米、糯米，其次是玉米。这些粮食酒经过长时间的发酵、提纯（有的经过多次提纯，提纯次数越多度数越高，《白山司志》称："酒有单熬、双熬、三四熬之分，皆沽之于市，其价以次递增。富厚家恒饮双熬，待客则用三四熬。贫人第知单熬，名曰烧酒，又名水鬼，冲言其味淡如水也。"[①]）后存放在酒壶、酒桶里，最常见的是放在白色方形塑料桶。这些酒度数不一，本地人戏称其为"土茅台"，是颁桃老派人的最爱，日常吃饭偶尔小

---

① 王言纪修、朱锦纂《白山司志》卷九，道光十年抄本，第4页。

酌几杯。这种酒也是待客用酒，以客人喝高兴喝满意为热情招待的标准。据懂酒的人称，这些酒入口时不觉得辛辣，甚至还有点甜，上头也慢，给人度数不高的错觉。但是，后劲十分大，贪杯者必然倒地不起、人事不省，酒劲甚至能持续到第二天。颁桃人泡酒一般以高度数的白酒为原浆，放入洗净的植物或动物后，经过长时间的浸泡制成。泡酒种类繁多，根据放入的原料可以分为植物类泡酒和动物类泡酒两类。常见的植物类泡酒有酸梅酒、树莓酒、桑葚酒等水果类泡酒，以及人参、枸杞、金樱子等中草药泡酒。常见的动物类泡酒有蜈蚣酒、蛇酒、蚂蚁酒、蜂窝酒等。有部分颁桃人相信泡酒能治病，认为女性喝少许酸梅果酒、桑葚酒等对身体有好处，而一些动物或者名贵中药泡酒则是治病和补身的药，有些直接饮用，有些则是外用。他们认为，这些药酒泡的年份越久药效越好，酒就越珍贵。

　　颁桃人的肉食主要来源于自家养殖的鸡、鸭、猪，还有部分人家饲养的牛、羊、鹅，几处河渠塘沟出产的少量淡水鱼。鸡鸭肉在颁桃人餐桌上的地位不分上下，但鸭子比较容易养活和养大，颁桃人吃鸭更普遍一些。颁桃鸡鸭最常见的做法是白切，并用香椿酱或食盐作为蘸料。白切鸭的做法是将处理干净的鸭整只放进热好的锅里，干煎出鸭油，至表皮金黄加水没过鸭身，加入桂皮、草果等料，煮熟后捞出切块。白切鸡的做法是将处理干净的鸡整只放进锅里，加水直至没过鸡身，煮熟后捞出切块。猪肉是颁桃人餐桌上最常见的肉类，煎、炸、焖、煮、炖、炒等做法均有，比较常见的是将新鲜猪肉切片和苦瓜、芥蓝、豆角等蔬菜炒，或者煮汤。颁桃人爱吃猪内脏，常见的菜式有猪大肠炒酸菜、猪肝炒四季豆、炒猪心等。过去交通不便又没有冰箱，颁桃人用"腊"的方式储存肉类，即将肉悬挂在火塘上方烟熏火燎风干。现在人们虽然不难获取新鲜猪肉，但颁桃人仍然喜欢做腊味。颁桃村的"瑶家三腊"在一定范围内很有名气，常见的做法是把腊肉、腊肠、腊猪头切片后隔水蒸熟。牛肉是肉类里较昂贵的，圩市牛肉价格为38～48元/斤，因此颁桃人不常吃牛肉，常见的牛肉做法是切片炒蔬菜。颁桃村河流少，仅有的3个鱼塘面积都很小，本村产鱼供给不足，因此要吃鱼得去外面买。现在交通便捷，颁桃人常吃的鲜鱼多产自隔壁共和、古乔两村及红水河。颁桃人煮鱼常见的做法是将处理干净的整鱼切花刀后在油中两面煎过，加水，放入姜丝、香椿、野生小番茄、辣椒、盐等佐料，熬煮至鱼肉熟透。这道菜最重要的是野生小番茄这一味佐料，它虽然口感酸涩，但是能有效地提升鱼的鲜味，减少腥味，使鱼的口感变得更好。

现代物流便捷，颁桃人的餐桌上也有虾、蟹、螺等河鲜海鲜的身影，但不是常态，出现的次数尚不如蜂蛹、蚕蛹、蜜蜂等各类昆虫。壮族和瑶族都属于山地民族，很多人至今还保留采集、狩猎的习惯。他们熟知哪座山上的哪棵树有野蜂窝、什么位置大蛇经常出没等等。野蜂蜜、蜂蛹、蜜蜂之类的山货也经常可以在共和圩集上看到。在颁桃村，这些昆虫以油炸为主要做法，先将虫子过水洗净、沥干，然后倒进热好的油锅里炸熟。

（三）住在颁桃

民居是人们与自然环境和谐共生的智慧产物，具有鲜明的地域色彩。颁桃村的传统民居建筑多取材于石山，以砂石、竹子、木头、石块等为原材料，与自然环境浑然一体。颁桃村的民居多以实用为主，是人们乡土记忆的重要组成部分。

1.干栏式建筑

颁桃村的传统民居多依山而建，依赖的是稳固的木梁屋架和高超精湛的榫卯技术。这类民居用木头或竹子打桩，与地面保持一定距离，再往上建房屋。它们以石块作地基，圆木作梁柱，竹子木板作围墙，茅草、稻草作屋顶，一般建成2~3层的楼房。学术界管这种建筑叫作干栏式建筑，壮语里"lan"指"家、房屋"，"ge lan"即"建造房屋"。在大石山区的地理环境中，各类毒虫、毒蛇繁多，威胁村民的健康和生命，干栏式建筑在一定程度上可以防潮、防虫。

干栏式建筑的一楼往往用木头和石头隔成若干间，作为家禽家畜的圈舍、厕所和堆放农具的杂物间，以此就近保管物资，但存在卫生问题，特别是滋生蚊蠓的四处飞舞，令人困扰。门前搭有木梯或石梯供上下楼。二楼作为人的生活场所一般用木板做隔断，前半空间做客厅，后半空间再分成几间卧室。客厅的中央一般设一座火塘，放上特制的铁架就成了灶，颁桃人家里一般有鼎罐、饭煲、大锅，分别用来煮水、做饭、烧菜。火塘的一侧放置餐桌、餐具、厨具的柜子，另一侧往往安着老人的床铺。人们说不清为什么要把老人的床安在客厅，有的说是为了方便全家照顾老人，有的说是为了让老人觉得家里热闹，还有的说是客厅冬天比较干燥暖和。

这类房屋在颁桃村一些屯组还保留有少量，例如龙茹屯、龙蛇屯等屯。不过它们大多是改革开放以后所建，用料比较讲究。它们的架空层一般用青石垒墙，二楼多用泥砖砌墙，粗壮的木梁架起屋顶，再用黑瓦覆盖。一楼圈养家禽家畜、堆放农具等杂物，但一楼和二楼之间的木板厚实，在二楼不会闻到一楼传来的臭味，有些房屋在二楼之上建一间阁楼，用来存放粮食。从20世纪50年代起，几个交通和饮水不便的自然屯的村民陆续搬迁到生活环境较好的地方另建新房，这类老式房屋留存的数量越来越少。近年大力实施危旧房改造和拆旧复垦，干栏式民居基本被拆掉，或在原址建新房，或恢复成耕地，基本没有还住着人的了。

2.砖混结构民居

现在颁桃村大多数家庭都沿着村道两侧起了楼房。这些新式的民居坐落在山间洼地上，仅有极少数还建在半山。它们以青砖、红砖、钢筋、水泥、混凝土等为建筑材料，占地面积多在120平方米左右，视家庭经济条件建1~3层楼房。这类房子在两广地区的农村很常见，颁桃村房屋的特别之处在于其功能区域还保留着传统民居的样式，即地面架空层圈养家禽家畜、堆放杂物，二层住人。尽管客厅多数已不设火塘，人们还是喜欢把老人的床安在这里，特别是生病的老人。这些房子相比于干栏式建筑更稳固、整洁、舒适，唯一的缺陷是进深过大，加上山间太阳光照时间有限，室内采光很受影响。山里早晚温差大，深秋至初夏这段时间睡觉需要厚被子，但盛夏有一个风扇就可以对付炎热了。

原先颁桃村民居多数不讲究装修，人们建好新房就直接搬进去住。近10年来，民居的装修成为潮流，装修的程度视家庭经济情况而定，一般都会把房子内墙刷白，地板贴上瓷砖。有些富裕的家庭把房屋里外装修成别墅，门窗大量使用弧形设计和玻璃，外立面贴上瓷砖，拥有精美的栏杆和屋瓦，甚至配备有绿化庭院。这些装修过的房子讲究设计、用料和施工团队的专业性，已经很难与过去山村民居的样子相联系了。不仅如此，2018年以来颁桃村借助改厨、改厕、改圈工作的契机，对民居进行了现代化改造。改造时，厨房按照有灶台（洗手台）、有抽油烟机、有排气扇、有节能灶、有自来水龙头的标准来实施，卫生间按照排污与厨房污水分离、有热水器的标准进行，改圈则主要实施人畜分离，家禽家畜从原先的民居一楼移到屋外另行选址建舍。通过改造，颁桃村整体人居环境卫生得到极大改善。

（四）走在颁桃

颁桃村是山区，修路需要付出巨大的人力、物力和财力。过去，颁桃村进出道路是山路、泥土路，雨天泥泞不堪，晴天尘土飞扬。大型的客车、汽车走不了，小的摩托车、自行车翻山越岭很是费劲费轮胎。人们赶圩，一般得走路去，有条件的会骑马或者赶牛车去载人载货。"要致富先修路"，精准扶贫开展以来，党和政府整合各类资金用于改善贫困村的交通条件。目前，除了整屯搬迁的地方之外，颁桃村各屯的道路已经全部硬化通车。

1.村道

村道是颁桃人进出村的主要通道，属于二级乡村公路，现有村道从刁颁隧道口开始计算，分别到颁桃村与碧草村、颁桃村与弄亮村两处交界止，长约10公里。路面平均宽约8米，为水泥硬化路。村道有几段经过石山，拐弯较大，集中暴雨天气有山体滑坡的风险，属于危险路段。特别是刁颁隧道口至下梯段陡坡，事故多发，在此设置有安全标识和防护栏。颁桃村村民委员会负责村道的建设、日常养护和管理等工作，除了定期排查安全隐患和道路保护情况以外，还设置有公益岗位定期清扫路面，随时保障道路安全、畅通。自从修通了这条村道，颁桃人去最近的下梯屯骑电车仅需要5分钟，最远的龙房屯骑摩托车也不超过半个小时，共和一布康段还通公交车，出行大为便捷。

2.屯级路

屯级路是从村道通到各屯的道路，有些屯之间也是通过屯级路而非村道连通。过去，屯级路基本都是狭窄的泥土路或砂石路，人们进出不便。2018年前后，政府通过以工代赈的方式拓宽或新修屯级路，颁桃村各屯群众积极参与，到2020年颁桃村基本上已经实现屯屯通硬化路，仅有一两户人居住的龙蛇屯进屯道路在2023年也得到硬化。屯级路是村民直接参与修建到自家门口的路，质量和进度均有保障。屯级路要求路基宽度4.5米、路面宽度3.5米、铺设砂石厚度不小于15厘米；平整、硬化路面；最大纵坡不超过10%；合理设置涵洞、水沟等排水设施，具体根据道路视线情况定；每公里设置错车道不少于3个，每个长度不低于10米，宽度不少于5.5米；临崖、临水、急弯等危险路段应设置安全防护设施。屯级路的修建补上了外界到家门的"最后一公里"，颁桃人的出行不再困难。

3.机耕路

机耕路是为了方便现代农耕机械和农作物运输修建的。一般在原田间小路基础上对路基进行夯实，以碎石垫层，再填上沙土，有条件的地方还会进行水泥硬化。一般机耕路路基宽度4.5米、路面宽度3.5米、铺设砂石厚度不小于15厘米；平面转弯半径不少于10米；最大纵坡不超过10%；合理设置涵洞、水沟等排水设施和错车道，错车道原则上平均每300米设置1个，具体根据道路视线情况定，每公里设置错车道不少于3个，每个长度不低于10米，宽度不少于5.5米；临崖、临水、急弯等危险路段设置安全防护设施。颁桃村在连片分布的旱地和水田都修有机耕路。由于地形和征地等主客观原因的制约，颁桃村的机耕路大多弯弯曲曲。不过机耕路修好以后，人们无论是去耕耘还是收获都方便快捷了。

4.产业路

产业路是为了方便生产资料和产品运输而修建的从村道到产业园的道路。颁桃村共有产业路7条，其建设标准和屯级路相同。这些产业路大部分是政府为扶持乡村产业、优化营商环境而配套建设的，仅有少部分是产业经营者自行建设。产业路的畅通，一方面，大大提升了规模化生产的工作成效，各类新型农机和肥料、饲料都能直达产业园；另一方面，农产品能实现田间地头到市场的无缝衔接，颁桃村的糖料蔗、砂糖橘、蔬菜、旱藕粉丝、肉牛、肉猪、七百弄鸡、蚕茧等名优产品的销路更为畅通，提高了颁桃人的生产积极性，切实促进了村集体经济的增长和农民增收。

随着社会主要矛盾的变化，人们的生活需求已经从谋生存转变为谋发展。如今，过去的贫困村颁桃村已实现了吃穿不愁，房子越来越漂亮，道路也四通八达，乡村人居环境舒适度、便捷化、满意度均得到了提升，并以此为契机进一步打造宜居宜业的新农村。值得注意的是，人们衣食住行的变化使乡村面貌呈现明显变化，现代性更强，民族性及地方性渐弱。应进一步探索"望得见山，看得见水，记得住乡愁"的宏观规划设计和微观要素融合，以原有山川、植被、民居为底图，植入狩猎、农耕、民族等地方文化元素，构建以产业为核心、绿水青山为载体、特色村寨为支撑的观赏性、实用性兼具的乡村生活美学场景。

五、颁桃村的精神生活

马斯洛的需求层次理论将人的需求划分为安全需求、生理需求、尊重需求、社交需求和自我实现需求等方面，因此精神生活于颁桃人而言是不可或缺的。过去，颁桃村的人们生活贫苦，只能在民间信仰世界里寻求精神寄托。因此，在近代以前颁桃村民间信仰基础广泛、风气浓郁，几乎人人都在家设神龛敬奉祖先神、自然神及道佛教派神祇，每年中元节、土地诞等还要举行隆重祭祀活动。颁桃村的民间信仰体系构建成"人—鬼—神""现实—地狱—天宫"的三元宇宙观，通过在各类民间故事中贯穿因果报应和六道轮回思想进行道德教化，劝慰人们将自身经历的各种苦难当作前世的"孽债"和对来世的修行，将做好事视为积攒"功德"，以此实现心态的自我调适，在精神世界获得与现实困境的和解。随着现代科学的浸润，民间信仰逐渐式微，人们在劳作之余通过唱歌跳舞、追剧看戏、打球游戏等活动排遣压力。颁桃村中建设有村民舞台、农家书屋、新时代文明实践站、灯光球场等精神文化活动场所，并配套有村民广播、墙报及乒乓球等球类设施设备。

（一）唱歌

据老人们回忆，桂西北山区在解放以前，唱歌是人们精神生活的重要组成部分。宋人笔记即对当地歌唱风气的浓厚进行了描绘："广西诸郡，人多能合乐。城郭村落祭祀、婚嫁、丧葬，无一不用乐，虽耕田亦必口乐相之，盖日闻鼓笛声也。"[1]山村的人们爱唱歌、会唱歌，热衷于赶歌圩，以至于大多数人的思维都被"歌化"了，能以歌问答，无事不歌，歌词信手拈来。虽无村级史书详载，但颁桃村老人们记忆中的歌圩举办时间、地点、形式与岭南地方文献的记载颇为相合。例如，颁桃人婚嫁时对歌正如周去非《岭外代答》所写："岭南嫁女之夕，新人盛饰庙坐，女伴亦

---

① 周去非：《岭外代答校注》，杨武泉校注，中华书局，1999，第251页。

盛饰夹辅之，迭相歌和，含情凄惋，各致殷勤，名曰送老，言将别年少之伴，送之偕老也。其歌也，静江人倚《苏幕遮》为声，钦人倚《人月圆》，皆临机自撰，不肯蹈袭，其间乃有绝佳者。凡送老皆深夜，乡党男子群往观之，或于稠人中发歌以调女伴，女伴知其谓谁，亦歌以答之，颇窃中其家之隐匿，往往以此致争，亦或以此心许。"①颁桃村的祭祀歌如朱辅《溪蛮丛笑》所载："踏歌，习俗。死亡群聚歌舞，辄联手蹈地为节，丧家椎牛多酿以待，名踏歌。"②方志记："群聚击鼓而讴，其所讴不解何辞，鼓声阴阴，歌声幽咽。"③野外对歌如邝露《赤雅》所记："峒女于春秋时，布花果笙箫于名山，五丝刺同心结，百纽鸳鸯囊。选峒中之少好者，伴峒官之女，名曰天姬队。余则三三五五，采芳拾翠于山椒水湄，歌唱为乐。男亦三五群歌而赴之。相得、则唱和竟日，解衣结带，相赠以去。春歌正月初一、三月初三，秋歌中秋节。三月之歌，曰浪花歌。"④一般而言，人们山歌对唱按照请歌—求歌—激歌—对歌—客气歌—推歌—盘歌—点更歌—离别歌—情歌—送歌⑤的步骤进行。对歌的内容广泛，"人们的生活意愿、理想追求、情感交流、生产知识、历史故事、道德规范，以至婚、生、寿、丧的礼仪，等等，都往往以歌唱的形式来表达。真可谓逢事必唱，无处不歌"⑥。那时，唱歌还是颁桃村男女青年传情求

①　周去非：《岭外代答》，上海远东出版社，1996，第88页。
②　上海师范大学古籍整理研究所编《全宋笔记》第九编第八册，大象出版社，2018，第90页。
③　王言纪修、朱锦纂《白山司志》卷九，道光十年抄本，第3页。
④　邝露：《赤雅》，商务印书馆，1936，第7页。
⑤　广西壮族自治区群众文化馆资料编辑室编《广西歌圩资料（第一集）》，内部资料，1963，第3页。
⑥　潘其旭：《壮族歌圩研究》，广西人民出版社，2010，第136页。

爱、谈婚论嫁的桥梁，因此在"农闲时节、节日晚上、公路边、山坳上，青年男女山歌对唱，歌声此起彼伏"①。

在现代科学还未进入颁桃村的漫长历史时期，道公麽公是人们遇到大事难事时的首要咨询对象，有些道公麽公还身兼医者要职（即方志所言"病不事医药，惟召巫跳鬼，鸣铜钲，吹牛角，喧闹彻夜"②），他们念唱的经书至今仍有流传，成为考察颁桃村传统山歌文化的重要途径。颁桃村常见的道教经书基本为汉字手抄本，除了歌颂诸神，还有祖先故事、农事知识、天文地理等内容；师公经则多是用土壮字书写的手抄本，有歌颂祖神、民族历史、生产知识、伦理道德、传说故事等内容。这些经书中含有大量发生在本地的故事内容，歌词有五言、七言、五三言和七三言等，句数有四、六、八句，甚或上百句不等，在韵律上体现为腰脚韵或头脚韵相押③，往往一首歌一韵到底。这些经书均使用方言念唱，通过独唱、集体诵唱或者一人唱众人和的形式表达，具有一定的民众教化意义。

如今歌圩在颁桃村不再盛行，人们只在田间劳作、节日表演、婚丧嫁娶等特定场合对歌。尽管如此，喜欢听歌、热爱唱歌的民族特质还是继续流传下来了。在颁桃村中各屯行走，时常能听到人们用音响放歌，而唱歌好听的也大有人在，只不过现在人们热衷于唱流行歌曲而已。除了唱歌，颁桃村中搞音乐的还有拉二胡、吹唢呐、吹笛子、敲鼓等，过去特别擅长音乐者往往是道公麽公团队中

---

① 大化瑶族自治县地方志编纂委员会编《大化瑶族自治县志》，广西人民出版社，2016，第58页。

② 王言纪修、朱锦纂《白山司志》卷九，道光十年抄本，第6页。

③ 郑超雄：《壮族〈嘹歌〉的起源及其发展的社会历史条件》，《广西民族研究》2005年第1期。

人。现在，颁桃村还有送孩子去学习钢琴、吉他、小提琴等乐器的，不过并不多见。

（二）跳舞

跳舞是现代娱乐未进入颁桃村前人们精神生活的重要组成部分。据老人们回忆，在村里还没有通电之前，晚上人们都要围着火塘唱歌跳舞。所跳舞蹈动作较为简单，往往是人们围着火塘绕圈、摆手、踢腿。如今，这种舞蹈在"三月三"、祝著节等节举办的文艺表演中还可以看到。除了这种简单的舞蹈之外，在各种节庆表演中还时常可以看到竹竿舞，这种舞蹈或可追溯到唐代文人刘恂记录的春堂歌舞："广南有春堂，以浑木刳为槽。一槽两边约排十杵，男女间立，以春稻粮。敲磕槽舷，皆有遍拍，槽声若鼓，闻于数里。虽思妇之巧弄秋砧，不能比其浏亮也。"[1]在清代方志中也有类似记载："其邻近兴隆、那马、定罗三土司者，稍知年节，元旦以春臼覆地，用木杵交击成声为乐。"[2]在当地举办的"村晚"或文艺下乡活动中，还有许多以本土神话传说、祭祀、劳动、人生礼仪等风土人情与历史文化为基础元素的改编歌舞，如扁担舞、铜鼓舞等，较为追求视觉的唯美和震撼效果。2010年被列入河池市级非遗名录的瑶族竹鼓舞即利用竹鼓、竹杖为道具击打出音乐节拍，以表现瑶族男女在耕山劳作后相逢时强烈的喜悦之情。其表演基本遵循若干对男女各持竹木，有节奏地敲打出音节，边打边跳的形式。此外，源于远古舞祭的师公舞、麽公舞在颁桃村依然存在。例如土地庙会往往要表演

---

[1]　刘恂著《岭表录异》，鲁迅校勘，广东人民出版社，1983，第8页。
[2]　蓝武、蒋盛楠编著《〈白山司志〉点校与研究》，广西师范大学出版社，2016，第97页。

的踩花灯舞。踩花灯舞以其突出的道教文化内涵、深刻的人文寓意和较高的艺术观赏价值被颁桃人所喜爱。道公们带着剑、钹、令旗、法铃、锣鼓、唢呐等法器，边唱经歌边在花灯阵中穿梭起舞，舞步复杂，有"∞"形、"一"字形、"△"形等，是人民信仰观念的艺术体现。

除了这些传统舞蹈之外，颁桃留守村中的女人们组建了数支广场舞队伍，常在晚饭后排练，并积极参加村内外举办的各种文艺表演活动。她们通过网络、电视和录像带筛选、学习当前较为"新鲜"的舞蹈，并根据舞蹈队实际人数自行对舞蹈的队形和动作加以改编，简单易会又颇具美感。为提高舞蹈队伍的组织性和规范性，各舞蹈队还有专门管纪律的、联系表演的以及做服化道的。如今16个屯基本都有自己的舞蹈队，有的屯还有两支以上的队伍，例如龙颁屯就有两三支队伍。龙颁是村部所在屯，有靠近村民大舞台的便利，跳广场舞已经成为该屯村民晚饭后的固定消遣活动。

（三）追剧看戏

在电视网络尚未进入颁桃村的时代，人们要在节庆、圩日到附近县城才能看戏，最常观看的是道公、麽公在法事仪式过程中表演的戏目。道公一般会表演文戏，例如伏羲女娲创世、土官解决诉讼纠纷、祖公迁徙等歌颂诸神和祖先的故事。麽公一般会表演武戏，唱念做打四功轮番上阵，穿插有棍棒对打、拳术、杂技等表演，演绎梁祝、西游、水浒等民间故事。如今，道公麽公在法事过程中还有剧目表演，不过基本用壮族或瑶族方言古语念唱，颁桃本地人多听不懂，仅可以管窥历史时期颁桃人的精神世界一角罢了。

在解放后至21世纪之初，电视在颁桃村尚未普及，但人们可以到附近县城看电影看戏，不过颁桃村去的人并不多，只有谈恋爱的青年男女去看——这是相亲约会的常规项目。电影和戏剧也开展下乡巡回演出，虽然次数不多，却是人们实现在家门口看剧看戏的珍贵机会。电影和戏剧下乡通常在村部空旷处举行，人们收到通知，早早吃过晚饭就带着板凳去村部门口占位置——那时候娱乐活动不多，不去早一点站都没地方站。颁桃村的60后、70后、80后几乎都有在村口露天看电影看戏的经历，《铁道游击队》《地道战》《雷雨》等都是他们珍贵青春记忆里的一部分。

进入21世纪第二个10年以后，特别是2013年以来，颁桃村精准扶贫脚步加快，电视、无线网络进村入户，家家户户都有电视电话，有些家庭还有电脑，甚至人手一部智能手机。人们通过电视、电脑和智能手机，可以收看全国范围的优质电视节目，已经很少发生争抢电视遥控器的事。电影下乡现在已成为定例，每个月几乎都在村部门口放映，但聚集来看的人并不多。用电视电脑追剧和用手机刷抖音短剧已经成为颁桃村留守老人、妇女和儿童都热衷的娱乐消遣方式。

（四）游戏

游戏是颁桃人娱乐身心的方式之一。据老人们回忆，颁桃村以前流行打牌、搓麻将、射弩、打陀螺、斗鸡、斗鸟、碰蛋等活动，儿童还有跳绳、挑石子、跳格子、踢毽子、拔河等活动。其中，射弩、打陀螺、斗鸟、斗鸡和碰蛋一直流传至今，一般在"三月三"、祝著节等盛大节日时举办，还有政府组织举办的专项比赛。

射弩是从山地民族狩猎技能演化出来的民间体育活动。颁桃村的壮、瑶两族都曾经历过狩猎采集为生的历史阶段，至今还流传着"旱三年，不死蛟；饿三年，不死瑶"①的民谚。在当地政府组织举办的"三月三"、祝著节等重大节庆中均设有射弩表演，为这一传统民间技艺提供了竞技、传艺及宣传的良好平台。

打陀螺也是颁桃村历史悠久的民族传统竞技项目，深受各族群众喜爱。与打陀螺成风的大化瑶族自治县仁良村比起来，颁桃村的陀螺种类比较单一，一般是拳头大小的木圆锥，用手直接旋转让陀螺着地，再用绳抽以保持陀螺继续旋转，旋转得最久的为赢家。人们通过抽陀螺健身、交友。

斗鸟是山地民族的传统娱乐活动，在颁桃村瑶族群众之间特别盛行。在大化广泛流传的《喜鹊之歌》讲述了瑶族人悠久的山居历史，人们与鸟为伴，擅长捕鸟、养鸟、斗鸟。时至今日，很多瑶族人家的屋檐下还挂有鸟笼，人们一般饲养画眉鸟。斗鸟时，有文斗和武斗两种方式。文斗即斗鸟双方从画眉鸟的毛色、体型、歌喉等方面进行比赛。武斗则是两个画眉鸟主人将鸟笼挨着放，两鸟隔笼啄咬争斗。

碰蛋游戏是广泛流传于壮族、瑶族的民间娱乐活动，有学者认为它与卵崇拜有关②。一般在"三月三"、祝著节等节庆时，人们用手握住染成彩色的熟鸡蛋或鸭蛋，以尖的一头相互碰撞，彩蛋被碰烂的一方将蛋赠予对方，碰蛋成为人们交友的有效途径。过去，男女青年对彼此有意才同意互相碰蛋，碰蛋与对歌、抛绣球有相似的

---

① 大化瑶族自治县地方志编纂委员会编《大化瑶族自治县志》，广西人民出版社，2016，第186页。

② 龙符：《壮族原始宗教中的卵崇拜——"碰蛋"风俗文化谈》，《文山师范高等专科学校学报》2002年第2期。

功能。

如今，颁桃人闲暇时还会打打牌，年轻人之间还流行篮球、乒乓球、羽毛球等球类运动，在各屯建设的球场经常看到他们打比赛的身影。特别是打篮球，由于当地政府每年都举办"红河杯"篮球比赛，从20世纪50年代开始打篮球成为当地民间重要体育活动。电子游戏是颁桃村年轻一代的最爱，部分青少年沉迷于电脑游戏和手机游戏，课余业余时间基本都投入其中。人们已普遍认识到网游、手游等新型游戏除了会让人上瘾之外，还会耗费巨额钱财。已有多人深受其害，村两委也频繁通过会议、宣传栏、村民广播、传单等方式宣传其危害。除了上述娱乐活动之外，颁桃在重大节庆还举办三人板鞋、拔河、蒙面敲锣、套鸭等游戏。

六、颁桃村的土产

客观自然环境为颁桃人的生存和繁衍奠定了物质基础。颁桃人长期依靠山峛过活，珍视大自然的馈赠，也勤于创造美好生活，出产的好物难以尽数，下面列举品质好且商品化程度较高的数项。

竹木及其制品。竹子呈点状分布在颁桃村的石山、村屯四周和水沟边等处，虽然各处竹林面积不大，但总量不小。常见的竹子种类有毛竹、刺竹和黄竹等。竹子成材快，且兼食用、材用、药用、观赏等众多功能于一身，因此颁桃村各屯均有种植。人们采食竹笋，并用竹子制作各种生产生活器物，常见的有鱼篓、竹篮、箩筐等。颁桃生长着不少嘉树良材，例如木棉树、枫树、桃树、椿树等，人们用这些木材做成厨具、农具、家具等，或为食用，或为药用。此外，枫树嫩叶是当地人做五色糯米饭时的其中一种天然染料，常在三月被采来出售；桃木被人们称之为辟邪木，常见被制成桃木梳、手串、桃木剑等；香椿树嫩芽嫩叶是颁桃人日常食用的重要调味料，也是很有市场的蔬菜。受经济环境的影响，一些过去不受重视的树种变成了贵重之物。例如，香椿树因香椿芽可以卖出好价格而得到人们的关注，还有农户专门租地投资大批量出产；以经济效益著称的速生桉在村内也有种植。榕树是颁桃村为数不多的观赏性树种之一，一般生长在颁桃村的山脚、路边和庭院，许多个屯的公共场合均有种植，人们在榕树下休闲娱乐、聚会开会；也有部分人种植盆景榕树。

果树与果品。果树是颁桃村兼观赏与食用于一身的佳木，常见的有毛桃树、李树、枇杷树、芭蕉树、黄皮果树、山葡萄树、芒果树、荔枝树、龙眼树、甘蔗、阳桃树等。毛桃树在村道和各屯均有种植，颁桃村的自然环境能满足它喜光不耐阴、耐旱忌涝的生长习性。每年3月桃花灼灼，4月初花瓣尽褪，到4月底青色的果皮顶端开始出现点点红痕，这是毛桃开始成熟的标志。一般到5月中旬毛桃就可以收获。李树多分布在屋后、山脚，近年在岩台、龙角、流长的山地规模化种植。李树2月开花，是早春信使。李花洁白胜雪、芳香扑鼻，引来人们驻足观赏，也引来众多蜜蜂，因此村里几户养蜂人会特别关注李花的花期。4月李果逐渐成熟，除自食和馈送亲友外，人们还运送到圩市销售，成为增收的途径之一。枇杷树在颁桃村各屯均有分布，树高3~5米，枇杷树叶经冬不凋，人们常将老叶采摘煮水喝以治疗咳嗽。枇杷树冬季开花，花期较长，至次年3月底至4月果子成熟。芭蕉树常分布于房前屋后，树高约3米，常年开花结果。人们除了欣赏和采食芭蕉外，还常将芭蕉花摘下来和猪肉炒或炖汤，芭蕉叶则被用来包糯米糍粑和粽子。黄皮果树一般种植在房前屋后，树高3~7米，四季常绿，是村里很有辨识度的一道风景。4月，黄皮果花盛开，野蜂一阵一阵地飞来采蜜，有时蜜蜂甚至会在枝繁叶茂的黄皮果树上搭建蜂窝，黄皮果花也是养蜂人期待的花类之一。人们种黄皮果树，除了观赏和食用果实外，还将树叶、种子、果入药。砂糖橘树一般由种植户承包较为平缓的山地进行规模化种植，龙桃、龙颁两屯种植较多。颁桃村冬天的气温低，需要整树包上塑料膜保温。砂糖橘树高约2米，3月开花，12月果子成熟。核桃、番石榴、柚子均是近些年推广种植的经济林木，一般栽种在石山、田间地头、路边，2020年开始陆续挂果。番石榴和柚子均出产红心和白心两个品种。颁桃甘蔗有黄皮和黑皮两种，清代志书记载该区域有三个品种："茎细而节疏者曰荻蔗，茎粗而长曰竹蔗，可榨汁为沙糖。其赤色者，名昆仑蔗。"①现桂西北所见多为制糖的竹蔗，其次是黑皮蔗，荻蔗已很少见。原先，颁桃人仅将黑皮蔗做果蔗食用，黄皮蔗因质硬而被用做糖料蔗。经过品种改良，黄皮蔗的口感变得松脆，蔗汁多且清甜，也可以直接食用了。甘蔗过去是颁桃人的甜味来源之一，现在则是人们增收的重要途径。商品化率较高的三华李、砂糖橘、甘蔗等的种植规模大小受市场大小年的影响。

商品粮。颁桃玉米有白玉米、黑玉米、花玉米及水果玉米等品类，以个大、颗粒饱满和甜度适中受到市场欢迎，现已开发有玉米面、玉米头、玉米粑等产品。颁桃黑豆以个大饱满、色泽黝黑发亮的优秀品质而受市场追捧，现已开发有精选黑豆、黑豆豆腐等产品。颁桃旱藕粉丝，易熟耐煮、口感顺滑，远销区外。颁桃佛手瓜苗，

---

①　蓝武、蒋盛楠编著《〈白山司志〉点校与研究》，广西师范大学出版社，2016，第109页。

即佛手瓜嫩芽,春夏季供应出售,素炒佛手瓜苗、瘦肉炒佛手瓜苗、佛手瓜苗排骨汤等常出现在颁桃人餐桌上。此外,还有产业园批量生产的红皮花生、红皮花生油、绿豆、红薯粉丝、青豇豆、辣椒等,均已在线上平台和线下门店进行销售。

此外,土产优品中还有蚕茧、土猪肉、土鸡、土鸭等。颁桃村出产的蚕茧均为桑蚕茧,以个大、色白、丝韧而饱受市场好评,养蚕旺季频繁有商贩上门求购。颁桃村农家养殖土猪以白、黑两色为常见,以玉米粉、青菜、红薯、麦麸等混合煮熟喂饲,养殖期半年到一年,视猪苗大小而定,有养殖到400多斤重的。颁桃村所产土猪脂肪丰厚,但肥而不腻,肉质细嫩鲜香。除了鲜煮,人们还将土猪肉用来制作腊味,如今"瑶家三腊"已远销至广西区外。颁桃村农家散养的土鸡有多个品种,经政策引导后七百弄鸡的养殖规模在村中越来越大。颁桃土鸡毛色干净光亮,煮熟后鸡皮呈金黄色,肉质细嫩,味道鲜甜。颁桃村农家所饲土鸭的品种繁多,常见的有番鸭、青头鸭和麻鸭。由于是旱地散养,颁桃鸭的毛色没有水鸭干净,但脂肪较少,煮熟后鸭皮金黄,口感清甜且较有嚼劲。颁桃村也出产山羊,以黑白两色为常见,人们养山羊,常散养在石山上,近些年也有圈养的方式。散养山羊以百草为食,山羊蹄形状特殊,让山羊能很轻易走去取食长在悬崖峭壁上的草圈养的山羊一般喂食草、蔬菜与饲料的混合物。山羊的养殖周期一般为半年至1年,羊肉浓香且有嚼劲。颁桃人养牛以黄牛为多,近些年规模养殖的商户也有饲养安格斯牛等肉牛品种。颁桃人养牛的传统方式是在田埂山间放牧,2019年起有人开始种植牧草圈养。黄牛的养殖期一般要1~3年,具体视牛犊大小而论。颁桃村出产的黄牛,肉质紧实,鲜香脆嫩。

　　这些在过去人们聊以果腹充饥的土产之物，商业价值逐渐被开发，成为市场的宠儿，形成了一系列产品甚至精品。颁桃村所在县的人民群众以饮食文化为基础打造的"壮瑶大席"是其中的典型。壮瑶大席采用近百种绿色生态食材制作共88套佳肴118个品种，其制作技艺具有突出的民族性和地域性特征，兼具食用、药用、文化及经济价值。

参考文献

一、历史文献

［1］杨有礼.淮南子［M］.开封：河南大学出版社，2010.

［2］商璧，潘博.岭表录异校补［M］.南宁：广西民族出版社，1988.

［3］齐治平.桂海虞衡志校补［M］.南宁：广西人民出版社，1986.

［4］周去非.岭外代答［M］.上海：上海远东出版社，1996.

［5］戴建国.全宋笔记：第9编：8［M］.郑州：大象出版社，2018.

［6］陆游.老学庵笔记［M］.杨立英，校注.西安：三秦出版社，2003.

［7］王祯.农书［M］.孙显斌，攸兴超，点校.长沙：湖南科学技术出版社，2014.

［8］王济.君子堂日询手镜：峤南琐记［M］.上海：商务印书馆，1936.

［9］邝露.赤雅［M］.上海：商务印书馆，1936.

［10］苏浚，戴耀.广西通志［M］.刻本，1599（明万历二十七年）.

［11］郝浴，王如辰，廖必强，等.广西通志［M］.刻本，1683（清康熙二十二年）.

［12］黄绍光，陈麒伊，何启贤，等.《庆远府志》：乾隆十九年辑：点校［M］.李文琰，修.何天祥，纂.北京：知识产权出版社，2021.

［13］苏宗经，羊复礼，夏敬颐，等.广西通志辑要［M］.刻本，1890（清光绪十六年）.

［14］谢启昆，胡虔.广西通志［M］.刻本，1865（清同治四年）.

［15］林光棣.天河县志［M］.抄本，1826（清道光六年）.

［16］王言纪，朱锦.白山司志［M］.抄本，1830（清道光十年）.

［17］陈如金，华本松.百色厅志［M］.刻本，1891（清光绪十七年）.

［18］原那马县志修志局.那马县志草略［Z］.《马山县志》办公室，1984.

［19］刘锡蕃.岭表纪蛮［M］.上海：商务印书馆，1934.

二、现代文献

（一）著作类

［1］张谷.桂西北纪行［M］.南宁：广西人民出版社，1957.

［2］广西壮族自治区群众文化馆资料编辑室.广西歌圩资料：第1集［Z］.内部资料，1963.

［3］广西壮族自治区民间文学研究会.广西各地歌圩的情况［Z］.内部资料，1980.

［4］广西民族研究所.广西少数民族地区石刻碑文集［M］.南宁：广西人民出版社，1982.

［5］覃兆福，陈慕贞.壮族历代史料荟萃［M］.南宁：广西民族出版社，1986.

［6］广西壮族自治区编辑组.广西少数民族地区碑文、契约资料集［M］.南宁：广西民族出版社，1987.

［7］潘其旭.壮族歌圩研究［M］.南宁：广西人民出版社，1991.

［8］区济文.桂西北经济发展战略研究［M］.南宁：广西人民出版社，1992.

［9］广西壮族自治区地方志编纂委员会.广西通志·民俗志［M］.南宁：广西人民出版社，1992.

［10］广西壮族自治区地方志编纂委员会.广西通志·自然地理志［M］.南宁：广西人民出版社，1994.

［11］平果县志编纂委员会.平果县志［M］.南宁：广西人民出版社，1996.

［12］田林县地方志编纂委员会.田林县志［M］.南宁：广西人民出版社，1996.

［13］田东县志编纂委员会.田东县志［M］.南宁：广西人民出版社，1998.

［14］弗朗兹·博厄斯.人类学与现代生活［M］.刘莎，谭晓勤，张卓宏，译.北京：华夏出版社，1999.

［15］赵世瑜.狂欢与日常：明清以来的庙会与民间社会［M］.

北京：生活·读书·新知三联书店，2002.

[16] 黄承伟. 中国反贫困：理论·方法·战略 [M]. 北京：中国财政经济出版社，2002.

[17] 大化瑶族自治县县志办公室. 大化各族歌谣选 [M]. 南宁：广西民族出版社，2003.

[18] 张声震. 壮族麽经布洛陀影印译注 [M]. 南宁：广西民族出版社，2004.

[19] 覃绍明，马忠豪. 桂西北旅游发展论 [M]. 贵阳：贵州民族出版社，2005.

[20] 杨树喆. 师公·仪式·信仰：壮族民间师公教研究 [M]. 南宁：广西人民出版社，2007.

[21] 《大化瑶族自治县概况》编写组. 大化瑶族自治县概况 [M]. 南宁：广西民族出版社，1994.

[22] 中共大化瑶族自治县委员会党史研究室. 中国共产党大化瑶族自治县历史：第1卷：1923—2007 [M]. 北京：中共党史出版社，2009.

[23] 蓝秋云. 壮舞瑶韵：舞蹈追梦六十年 [M]. 南宁：广西人民出版社，2013.

[24] 梁肇佐. 壮族歌圩调查研究 [M]. 南宁：广西民族出版社，2014.

[25] 蓝冠忠. 大化民族习俗 [M]. 南宁：广西人民出版社，2014.

[26] 大化瑶族自治县年鉴编纂委员会办公室. 大化年鉴：2006—2010 [M]. 南宁：广西人民出版社，2015.

[27] 蒋满元. 民族关系与人地关系的适应性问题研究：以广西

壮族为例［M］.北京：社会科学文献出版社，2015.

［28］林安宁.壮族《麽经》神话探析［M］.北京：线装书局，2016.

［29］大化瑶族自治县地方志编纂委员会.大化瑶族自治县志［M］.南宁：广西人民出版社，2016.

［30］蓝武，蒋盛楠.《白山司志》点校与研究［M］.桂林：广西师范大学出版社，2016.

［31］斯科特.逃避统治的艺术：东南亚高地的无政府主义历史［M］.王晓毅，译.北京：生活·读书·新知三联书店，2016.

［32］费孝通.乡土中国［M］.北京：中信出版社，2019.

［33］费孝通.江村经济［M］.戴可景，译.北京：中信出版社，2019.

［34］刘志伟.在国家与社会之间：明清广东地区里甲赋役制度与乡村社会［M］.增订版.北京：北京师范大学出版社，2021.

［35］大化瑶族自治县地方志编纂委员会.大化大事记［M］.南宁：广西人民出版社，2022.

［36］刘守英，等.中国乡村转型与现代化［M］.北京：中国人民大学出版社，2023.

［37］梁心.城眼观乡：农业中国的农村怎样成了国家问题：1908—1937［M］.厦门：厦门大学出版社，2024.

（二）论文类

［1］漆侠.宋代的瑶族和壮族［J］.中南民族学院学报（哲学社会科学版），1982（4）：32-38.

［2］庞传智，潘保兴.发展桂东南和桂西北地区协作是振兴广西

经济的重要途径［J］.广西师范大学学报（哲学社会科学版），1987（4）：16-21.

　　［3］费孝通.缺席的对话：人的研究在中国：个人的经历［J］.读书，1990（10）：3-11.

　　［4］费孝通.农村、小城镇、区域发展：我的社区研究历程的再回顾［J］.北京大学学报（哲学社会科学版），1995（2）：4-14，127.

　　［5］陈利丹，梁开光，苏小玲.抓住机遇：启动桂西北地区经济起飞［J］.计划与市场探索，1997（4）：16-19.

　　［6］汤顺林，王世杰，冯新斌，等.喀斯特石山地区社会经济与生态环境可持续发展系统研究：以桂西北为例［J］.安全与环境学报，2001，1（3）：36-40.

　　［7］郑超雄.壮族《嘹歌》的起源及其发展的社会历史条件［J］.广西民族研究，2005（1）：94-102.

　　［8］耿少龙.文明乡村：桂西北地区社会主义新农村建设探索：以百色市部分乡村为例［D］.南宁：广西大学，2008.

　　［9］郭亮.桂西北村寨治理与法秩序变迁：以合寨村为个案［D］.重庆：西南政法大学，2011.

　　［10］郑维宽.论明清时期桂西民族地区的农业开发与生态变迁［J］.农业考古，2013（6）：44-51.

　　［11］王世伟，李虎.桂西定罗土司辖境内的族群互动与当代呈现［J］.广西民族研究，2015（4）：83-89.

　　［12］朱正西.宋代广西地区农业开发研究［D］.南京：南京农业大学，2016.

　　［13］李莹.广西土地整治与贫困时空格局及互馈机制研究［D］.南宁：广西师范学院，2018.

［14］闲馨月.基于GIS的广西县域生态资产与经济贫困的耦合研究［D］.南宁：广西师范学院，2018.

［15］张江华.人以为秽而彼则不啻珍错：中国西南地区一种"异味"食品的社会生活［J］.民族学刊，2019，10（1）：31-38，105-107.

［16］张柳丹，段超.桂西北地区"认契"习俗及其功能探究：以河池市都安永乐村为例［J］.长江师范学院学报，2019，35（4）：1-9，121.

［17］段金生，尹建东.中国哪来的"赞米亚"？：评《逃避统治的艺术》［J］.历史评论，2022（5）：74-78.

［18］赵宇翔，张荣军.西南少数民族节庆仪式中的血祭及其人类学解读［J］.贵州民族研究，2022，43（6）：145-150.

［19］唐雨静，蓝斯靖，何锦宸.胜议西南异味美食及大众认知的转变：以西南民族地区的"瘪"类饮食为例［J］.文化创新比较研究，2022，6（11）：131-136.

［20］张孝德.中国乡村振兴对世界乡村发展的价值与启示［J］.山西农业大学学报（社会科学版），2022，21（6）：1-14.

［21］邬志辉，徐萌.全面推进乡村教育振兴的中国路径［J］.教育与经济，2023，39（6）：3-10.

后　记

　　大概是因为学生时代所受训练的影响，我喜欢通过查阅文献以获得对一个地方的基本认识。因此，当我得知被组织选派为河池市大化瑶族自治县颁桃村驻村第一书记时，条件反射般赶紧寻找相关的志书和私家论著。然而，搜遍各处藏书之所，获得与颁桃村有直接关系的记载仅寥寥几笔，举凡政治、经济、历史、文化、教育等我在驻村前期迫切想要了解的信息均十分贫乏。彼时我就萌生了弄清楚颁桃村的情况并把它写下来以填补颁桃村资料空白的念头。

　　时机很快就成熟。驻村后，各级各部门频繁派人到村调研督查扶贫工作开展情况，第一书记是重点询问对象，加之师友同事时常关切过问，我必须将村情民意调查作为驻村工作之一尽快提上日程。由于扶贫工作庞杂而繁重，我只能将通过遍访全村、访寻山川及搜集耆老旧闻等途径得来的信息，以及各部门抛出的林林总总的问题进行一番梳理后编辑为《颁桃驻村工作手册》这本小册子，与几位一同驻村的同志共享以便大家信息同步。在结束驻村工作时，我再次对这本小册子进行了更新以便继任的同志们了解基本村情。

　　我的初衷是编写颁桃村村史或村志，为驻村工作提供参考资料。于是我按乡村史志的基本框架展开了颁桃村史志资料搜集与整理工作，希望能向诸位展示一个桂西北地区普通村落的古往今来，特别是脱贫前后政治、经济、文化、社会、生态等各方面的变化情况。不过，在耙梳颁桃村资料与书写乡村史志的过程中，我愈发感到不安——这似乎并不能算是完成了社科研究者兼驻村第一书记的工作任务。每思及此，脑海里总会浮现费孝通先生在《重访江村》中所说的："开弦弓的乡亲们对我们这样亲切，他们看见我们来了，抱着很大的希望。如果我只写篇论文，出本书，对他们有什么好处呢？这不是太对不住他们了么？"①我的出发点和落脚点是服务颁桃村的乡村振兴工作。思之再三，我决定在乡村史志的基础上再进行更深度的观察与思考，将乡村振兴工作实践一起写下来，以增强学术对话，以与后续治村者进行讨论。

　　对于学术研究而言，村一级虽然区域不大但五脏俱全，置身其间开展田野调查，仿若走进了一个微型而丰盈的世界。我自2018年3月到颁桃村驻村，得以身临其境对颁桃村进行长时段的近距离观察。我本人在桂东北地区长大，并先后在桂南地区之防城港和桂中地区之南宁工作生活过，颁桃村及其所在的桂西北地区于我而言是陌生的，甚至可以说是跨文化的。根据工作要求，我在驻村期间需广泛开展调研，摸清村情民意，对民情、民意、民困等民生情况做好记录，形成民情日记。到村里指导我工作的师友也屡屡叮嘱我结合历史地理的理论与方法，做好田野调查，以切实解决现实问题。于是我将村中所见所闻、所经所历诉诸笔端，形成田野考察笔记。

---

　　① 费孝通：《江村经济》，北京联合出版公司，2018，第274页。

　　在结束驻村工作后，我即开始对这些调研资料进行系统的整理，然而遇到了两个问题以致研究颁桃村的工作延宕至今。首先是材料方面存在重大缺口。驻村期间，我虽然对颁桃村各方面情况都有一定程度的了解，但因为搜集到的材料侧重于扶贫方面，到动手写作时才发现要对一个村子做学术画像，这些材料是远远不够的。颁桃村是桂西北地区常见的一个普通村落，不像历史文化名村那样拥有可以证史载情的丰富文物文献，因缺乏文献、碑刻等史料记载而对历史考证造成了很大的困难。因此，离村后我又多次回村跟踪观察以及搜集更多资料。其次是我的学术素养不足。驻村时和乡亲们朝夕共处、并肩奋斗，我们积累了亲人般的深厚情谊，这对客观中立的学者立场有很大的影响，每每动笔写来总是情感有余而理性不足，数年间写写删删至今。

　　颁桃村是国家"十三五"时期二类贫困村，与田园诗人笔下慢节奏的惬意乡间生活不同，我驻村工作的日子是粗砺而紧张的，毕竟我是为改善而非适应现状而来。颁桃村与所有喀斯特山区的贫困村一样，资源配置较差，无论农工商产业中的哪一类在此发展都存在天然限制。这个在河池、百色、南宁三市交界处的农村，石山峰丛如林，其上草木苍莽，却多是在石缝中生存的低矮小树，而非经济林木。山上没有叮咚的小溪，山下也没有美丽蜿蜒的小河，但地下水随时"待命"。只要10天左右不下雨，它们就往地底更深处缩去，够不着水的庄稼要旱死；只要连续两三天下大雨，它们就会纷纷冒出来闹内涝，淹没无数道路、房屋、庄稼。颁桃村耕地土层浅薄，4—9月的暴雨还会冲走部分泥土，在剩下的贫瘠土层之上开展的农耕养不活这片土地上的人们。因此，村里不时出现的矛盾纠纷多是因为资源争夺而起，而我们的工作内容不仅包括处理矛盾纠纷，还要做大、分好蛋糕，从根本上解决问题！扶贫工作本身是一项庞大而系统的工程，重点在于建立反贫困的长效机制。这不仅要从乡村产业振兴、乡村人才振兴、乡村文化振兴、乡村生态振兴、乡村组织振兴五个振兴等大的方面上着力，还要做足更深层次的历史文化和更幽微的群众心理等方面的功课。因此，驻村日常处理的看似是家长里短的琐事，实际上却是关系群众切身利益的大事，包括繁多的会议、检查、督查和琐碎的表格、材料、台账，每完成一项工作我都从内心感受到为民办实事的喜悦。不过，我的学识、精力有限，在工作中时时感到自身知识储备的不足和时间飞逝的慌忙。无奈只能在工作中学习，边学边做，边做边学，不断拓展自身知识的边界，以期更加胜任工作并检验所学真伪。

幸运的是，我得到了领导同事们的热忱帮助，得以顺利地完成驻村和写村的工作。在驻村期间，各级政府部门和后盾单位广西社会科学院大力支持我的工作，特别是院里的领导们多次带专家到村里针对助推产业发展、治理现代化、特困救助和义务教育完善等，为我提供了大量农村工作方法的指导。冼少华、徐家贵、黎丹、麻秋怡、龙裕伟、陈永祥等部门领导同事给予了我诸多帮助、鼓励和建设性意见，他们是眼界开阔、乐于分享的专家学者，为我营造了互助合作的良好工作氛围。特别感动的是冼少华所长给我提出了诸多修改建议，黎丹老师在寒冬腊月陪我回村开展文化和教育的补充调研，秋怡时常与我就本书的理论和研究方法问题进行讨论。滕兰花教授两次来到村里指导我工作，手把手教我开展田野调查和搜集整理民间文献并督促我开展写作。没有老师的鼓励和支持，此书大概率无法与大家见面。还有广西人民出版社的吴小龙、严颖、覃萃萍、蓝雅琳、杨珩、黄兰岚、周月华、翁襄媛诸位老师专业的策划、编辑、校对和设计使本书能更好地与读者见面，尤其是严颖主任从编辑出版的角度对本书提出了很多宝贵的建议。

我无论是在履行第一书记职责期间，还是在后续回访和搜集写作资料的过程中，均得到了共和乡党委、政府及颁桃村男女老幼的积极配合和大力协助。共和乡的领导和同事们是我驻村的同行人，时时为我提供具体事务上的细致指导和周到保障，使我得以迅速掌握乡村工作的必需知识与实用技能。而我的好搭档——颁桃村能干又团结的村干部和两位驻村队员，大家分工合作、同心协力，攻克精准扶贫难啃的硬骨头，推动脱贫攻坚同乡村振兴有效衔接，使我的驻村工作得以顺利开展。待我如至亲的龙颁屯蓝家容我驻村期间借住，在同吃同住同劳动的过程中使我能对真实具体的颁桃村进行观察与记录，并在生活上为我提供诸多便利，给我了强烈的归属感。蓝家的大学在校生蓝萧同学是我的调研翻译，还为我校对了村情民情部分内容。此外，长年坚守乡村教育一线的颁桃村小学老师们为我提供了诸多宝贵的教育实践经验，而颁桃村小学的同学们是我和乡亲们沟通的纽带，我的各项工作得以顺利推进很大程度上归功于他们。我驻村期间正是脱贫攻坚总攻期，仅给他们讲过屈指可数的几节课，就得到他们这么多的帮助，实在感愧不已！同一批驻村的第一书记谢国雄、谢平安、黄新锋、陈亦静、韦利花、闭玉东、韦玉洁等，以及后续接力驻村的同袍们为我扩大桂西北山村调研样本提供了很多帮助，徐家贵、郑颖瑜、黄新锋等第一书记还通过他们的课题带我开展区内外乡村振兴的调研，给了我很多启发。

在此，一并向各位致以衷心的感谢！

　　在驻村和写村期间，我时常感觉颁桃村是一个还有更多事物未能为我所知的复杂世界，颁桃村之人、颁桃村之事、颁桃村之物以及颁桃村之变也将我的世界填满。本书力图为大家呈现这样一个小中有大的山村社会，但囿于资料局限和个人浅见，定然有挂一漏万或谬误之处，恳请方家多多批评指正。

　　　　　　　　　　　　　　　　　　　2024 年 1 月 23 日于颁桃村